JN086469

教育課程編成論

森山賢一 ［編著］　改訂版

学文社

はじめに

　わが国の教育は大きな転換期のただなかにあり，多くの改革が進められている。ここでの論議の1つが教育課程改革といってよい。まさに現代の教育改革の論議は，教育課程，カリキュラム研究と開発に焦点化されるといえよう。

　学校では学ぶことの意味の問い直しが求められ，学びの場として根本的な転換が迫られている。

　そこでは，学校は子どもたちに「何を」教え，子どもたちは「何を」学ぶのかの問いの「何を」が教育課程研究の命題なのである。

　2008年1月の中央教育審議会答申「幼稚園，小学校，中学校，高等学校及び特別支援学校の学習指導要領等の改善について」においては，学習指導要領の改善の方向性として，①改正教育基本法等を踏まえた学習指導要領改訂，②「生きる力」という理念の共有，③基礎的・基本的な知識・技能の習得，④思考力・判断力・表現力等の育成，⑤確かな学力を確立するために必要な授業時数の確保，⑥学習意欲の向上や学習習慣の確立，⑦豊かな心や健やかな体の育成のための指導の充実の7つの要点が示され，現在，これらをもとに教育課程が編成されている。

　本書の発刊にあたっては，以上のことをふまえ，教育課程の概念，歴史的展開から，編成，評価の理論，小・中・高等学校各々の編成の実際，さらには，教育課程と関連の深い，連携一貫教育，生徒指導，教科，教科外活動，学力，マネジメントなどの内容を取り上げ解説した。また，巻末資料についても，教育課程にかかわる重要なものに絞って掲載した。

　本書が各大学の教員養成において，さらには学校教育にたずさわっている教職員の方々に一読されることを願っている。

　2013年3月

編著者　森山　賢一

改訂版刊行にあたって

　本書が 2013 年の初版刊行から多くの方々に読まれ，学校教育にかかわる読者の役に立てたことは著者らにとって望外の喜びである。

　今回の改訂版刊行にあたっては，その後の学習指導要領の改訂をはじめ，さまざまな法改正，制度改革を受けた内容に改訂し，資料およびデータについても改めることとした。さらに，教育課程編成に関する今日的な観点に即して構成を見直し，「第一部　学校教育における教育課程の役割・機能・意義」「第二部　教育課程編成の基本原理および教育実践に即した教育課程編成の方法」「第三部　教育課程のマネジメント」の３部構成とした。

　本書が初版同様に，多くの学校教育にたずさわっている教職員の方々や教職をめざす学生たちに一読されることを願っている。

　　2021 年 3 月

編著者　森山　賢一

目　次

はじめに　　i

改訂版刊行にあたって　　ii

第一部　学校教育における教育課程の役割・機能・意義

第1章　教育課程の概念と構造 ……………………………………………………1

1. カリキュラムと教育課程　1　／2. 顕在的（公式的）カリキュラムと潜在的カリキュラム　2　／3. カリキュラムの構造と類型　3

第2章　教育課程行政 ……………………………………………………………8

1. 教育課程行政の構造　8　／2. 教育課程の法体系と教育の目的　9　／3. 教育の目的と教育課程　11　／4. 授業時数と教育課程の基準　14　／5. 学習指導要領と教科書　15　／6. 教科書検定制度と採択のしくみ　18

第3章　学習指導要領の歴史的変遷（1）―1947・1951年― …………………21

1. わが国最初の学習指導要領と戦後教育　21　／2. 1951（昭和26）年学習指導要領改訂　24

第4章　学習指導要領の歴史的変遷（2）―1958・1968・1969・1977年― ……26

1. 1958（昭和33）年学習指導要領改訂と戦後教育の見直し　26　／2. 1968・1969（昭和43・44）年学習指導要領改訂と教育内容の現代化　27　／3. 1977（昭和52）年学習指導要領改訂―「ゆとりと充実」と人間性重視　30

第5章　学習指導要領の歴史的変遷（3）―1989・1998・2003年― …………32

1. 1989（平成元）年学習指導要領改訂―新しい学力観　32　／2. 1998（平成10）年学習指導要領改訂―ゆとりのなかで生きる力を培う　35　／3. 2003（平成15）年学習指導要領一部改訂―学力低下論争と学びのすすめ　38

第6章　学習指導要領の歴史的変遷（4）―2008・2017年― …………………40

1. 2008（平成20）年の改訂―「ゆとり教育」から「確かな学力」へ　40　／2. 2017（平成29）年の改訂―改訂の基本的な考え方と方法　43　／3. 学習指導要領のグローバル化と日本型の教育―これまでの蓄積の継承と発展　47

第二部　教育課程編成の基本原理および教育実践に即した教育課程編成の方法

第7章　教育課程編成の方法 ………………………………………………49

1. 教育課程の意義と教育課程編成の原則　49　／2. 学校における道徳教育と体育・健康に関する指導　53　／3. 教育内容選択の視点　56　／4. 教育内容配列の視点―学習の順次性　57　／5. 学習指導要領の枠組みの改善と教育課程編成の手順　58

第8章　学校におけるカリキュラム開発の実際 ………………………62

1. 学校をとりまく環境としての地域　63　／2. 学校に基礎をおくカリキュラム開発　64　／3. 学習指導要領の記述にみるカリキュラム開発の留意点　65　／4. 学校におけるカリキュラム開発の事例　70　／5. 研究開発学校制度　71

第9章　小学校と幼稚園の教育課程の構成 ……………………………75

1. 小学校の教育課程の現在と過去　75　／2. 小学校の教育課程の内容と特徴　77　／3. 外国語活動と新教科「外国語」　80　／4. 特別の教科である道徳　83　／5. 幼児期の教育における課程　84　／6. 幼児期の教育と小学校教育の接続　89

第10章　中学校・高等学校の教育課程の構成 ………………………91

1. 中学校・高等学校の教育課程―法制面から　91　／2. 学校教育法体制下の中学校・高等学校の歩み　92　／3. 新学習指導要領のもとでの中学校・高等学校の教育課程　98　／4. 今後の展望　101

第11章　教科と教科外活動の教育課程 …………………………………103

1. 争点としての教科と教科外活動　103　／2. 教科とは何か　104　／3. 教科外活動の教育課程　107　／4. 横断する教育課程へ　112

第12章　地域と協働した教育課程編成 …………………………………117

1. 学校と家庭・地域社会の連携の模索―1998年学習指導要領のもとで　117　／2. 保護者・地域社会による学校運営への参加―学校評議員と学校運営協議会　122　／3. 教育基本法改正と2008年学習指導要領　124　／4. 「社会に開かれた教育課程」と「社会とともにある学校」　125　／5. 地域の課題に取り組む学校―高校魅力化構想　127　／6. 学校と地域の連携・協働を円滑に行うための資質　128

第三部　教育課程のマネジメント

第 13 章　カリキュラム・マネジメントの理論 ……………………………………… 130

　　1. カリキュラム・マネジメント提唱の背景　130　／2. カリキュラム・マネジメントとは　131　／3. カリキュラム・マネジメントの可能性と課題　133

第 14 章　カリキュラム・マネジメントの実際 …………………………………… 137

　　1. 小学校における実践—地域連携カリキュラムの取り組み　137　／2. 中学校における実践—地域の強みを生かしたプロジェクト 6 の取り組み　142　／3. 高等学校における実践—中高一貫校を活かした取り組み　149

第 15 章　カリキュラム・マネジメントとカリキュラム評価 ………………… 157

　　1. カリキュラム評価とは何か　157　／2. カリキュラム評価の対象　159　／3. カリキュラム評価の方法　160

巻末資料 ……………………………………………………………………………………… 165

第一部
学校教育における教育課程の役割・機能・意義

第1章

教育課程の概念と構造

1. カリキュラムと教育課程

　教育課程という語は，「教科課程」や「学科課程」にかわって第二次世界大戦後およそ 1951 年ごろから英語のカリキュラム（curriculum）の訳語として使用されている。

　このことは，1947（昭和 22）年小学校学習指導要領・一般編（試案）と 1951（昭和 26）年小学校学習指導要領の比較において明確に示される。

　1947 年小学校学習指導要領・一般編（試案）においては，「どの学年でどういう教科と教材の学年配当を系統づけたものを教科課程という」と示されたものが，1951 年小学校学習指導要領では，「児童がどのような教科の学習や教科以外の活動に従事するのが適当であるかを定め，その教科や教科以外の活動の内容や種類を学年別に配当づけたものを教育課程という」と示された。

　このカリキュラム（curriculum）の語源は，ラテン語の currere（クレーレ）に求めることができる。それはもともと，「競走場のレースコース」や「走る」ことを意味し，これが「走路」「学習の道筋」「人生の来歴」に意味が拡大してきたものである。

　この「教育課程」の原語である「カリキュラム（curriculum）」は，16 世紀の後半にカルヴァン派の影響を受けたオランダのライデン大学やイギリスのグラスゴー大学の文書に登場することが知られている。

　つまり，このころから初めて大学において「カリキュラム」の語が使用されるようになり，その後，学校教育の分野で，教育に向かって進むべき教科目や

その「教育内容」時間などを組織し，配列したもの，すなわち，学校教育における計画を意味する用語として定着してきたものである。この言葉に相当するものとして，ドイツ語では「教授プラン（Lehrplan）」であり，これらのことからもカリキュラムは学校をはじめとする教育機関が設定している学校教育プログラムの一定のまとまりと計画を意味していることが理解できる。

　先に述べたように，わが国においては，「教育課程」の語が使用されるようになったのは，直接的な契機として 1951（昭和 26）年以降のことである。

　具体的には，1951（昭和 26）年改訂の学習指導要領での，教科「自由研究」の廃止と，小学校での「教科以外の活動」および，中・高等学校での「特別教育活動」の領域の設置であり，いわゆる「教科」以外の領域が加わったことによるものである。

　その背景は「教科課程」の語が示すように，教育内容計画を教科に関するものに限定したとらえ方から変化し，教科課程と教科外課程の両側面からとらえ，そこからこそ調和のとれた全人格的な人間形成が可能となるといった考え方に大きく転換したことである。

　このように，「教育課程」の概念を広い意味で学校教育における子どもたちの経験の総体としてとらえることとすれば，結果として，子どもたちが無意図的，非計画的に経験する事項が重要となってくる。つまり，カリキュラムは本来の意味で，通常の意図的，計画的なカリキュラムである「顕在的カリキュラム」と，先に述べた無意図的，非計画的なカリキュラムである「潜在的カリキュラム」の両者によって考えることが必要なのである。

2．顕在的（公式的）カリキュラムと潜在的カリキュラム

　一般的に教育課程は，いわゆる国家的「基準」を軸にした公的なものであり，学校が教育目的を達成するために計画的・組織的に編成する教育内容としてとらえられる。したがって，「顕在的カリキュラム（manifest or official curriculum）」「マニフェスト・カリキュラム（manifest curriculum）」と呼ばれている。

このように公式的な教育課程において，子どもたちは学校教育のなかで実際に学んでいるわけであるが，その学びは公式的に宣言されている教育内容のみならず，これ以外に無意図的に学ばれるものも多く，とくに子どもどうしの人間関係や，子どもと教師との人間関係，さらには教育環境の雰囲気などによって人間形成的に大きな影響を受けているのである。このことを「潜在的（latent）」，あるいは「隠れた（hidden）」カリキュラムといっており，意図的，計画的な教育計画を意味している「顕在的カリキュラム」と区別して呼んでいる。

　「潜在的カリキュラム（隠れたカリキュラム）」は1960年代から教育界において注目されはじめ，とくに1970年代には大きく着目されるようになったが，この「隠れたカリキュラム」の語を最初に使用したのはシカゴ大学のジャクソン（Jackson, P. W.）である。彼は長期的な授業観察を通し，「隠れたカリキュラム」の詳細な分析を行っている。その研究成果は，『教室での生活（"Life in Classrooms", 1968）』において，公表されている。そこでは，規則（Rules），規制（Regulations），慣例（Routines），の3Rが「隠れたカリキュラム」の主たる成分であり，それらが授業を中心とした教室での諸々の子どもたちの活動にとって重要な働きをしていることを明らかにしている。

3．カリキュラムの構造と類型

　カリキュラムの概念は，子どもの学習活動全体を包含するほどに拡大されており，したがって，カリキュラムの構造についても，これまで多くのものが示され世に出てきた。このようなカリキュラムの多様化にともない，カリキュラムの類型化が進められた。

　カリキュラムは「教科－経験」「分化－統合」などの軸によって分類できるが，一般的には教育内容に焦点をあてれば，「教科カリキュラム（subject curriculum）」と「経験カリキュラム（experience curriculum）」に類型化される。また，教科間の相互関連からみれば，「分化カリキュラム（specialized curriculum）」と「統合カリキュラム（integrated curriculum）」に類型化される。実際には類

型化にもそれぞれ厳密な区分も困難であり，重複の部分も存在する。ここでは，第二次世界大戦後，わが国の教育界においてベースとなったホプキンス（Hopkins, L. T.：1889-1982）による「分化－統合」の程度によるカリキュラム類型での6つのタイプを紹介する。

①教科カリキュラム（subject curriculum）

このカリキュラムは，カリキュラム編成において経験カリキュラム（experience curriculum）と並ぶ二大類型のうちの1つである。「教科目カリキュラム」といわれるように，文化遺産や学問の客観的知識のなかから，教育的価値のあるものを選択し，教授する教材の目的，性質によって教科や科目，具体的には，国語，算数（数学），生物，化学，歴史などといった教科の枠組みを用いて構成されているカリキュラムである。

このように，教科，科目によって区分されているため，整然と系統的，論理的に配列されたカリキュラムという特徴をもっている。

教科カリキュラムの歴史は非常に古く，ギリシア・ローマ時代に起源をもつとされ，中世にかたちが整ったといわれている「7自由科（seven liberal arts）」（文法・修辞学・弁証法・算術・幾何・天文学・音楽）も代表的なものとしてあげられる。このカリキュラムの基底には，教育の目的が過去および現代における文化遺産，いわゆる客観的な文化財の系統的伝達にあり，その役割が学校教育にあるという伝統的教育観が存在している。

現在，わが国の初等中等学校の多くの部分は教科カリキュラムによるもので，系統的・体系的な学習を効率的に行えること，さらには，到達目標，指標が明確であり，客観的な評価も行いやすいといった長所をもち合わせている。

このような長所の反面，学問体系的色彩が強く，子どもの興味関心に対応した展開に弱点をもっていたり，ややもすると記誦注入的，画一的な学習に流れてしまう危険性も多分にある。

②相関カリキュラム（correlated curriculum）

相関カリキュラムとは，教科カリキュラムでの教科の区分は崩さず，教科の枠組みを保持しながら，学習の効果を向上するために，2つ以上の性格的に近

い教科・科目間の相互関連を図ったカリキュラムである。ここでは，教科カリキュラムにおける教科間の個別性の改善が眼目とされる。

　具体的には，「物理・化学」あるいは，「地理・歴史・公民」のように，科目間において学習効果の向上のために相互関連を密にしていくといった場合などが考えられる。また，発展的には，教科外活動との相関も考えられよう。

　相関カリキュラムの代表例の1つとしては，イギリスで実践され，日本にも多く導入されているクロスカリキュラム（cross-curriculum）もあげられる。

③融合カリキュラム（fused curriculum）

　このカリキュラムは，教科の学習を中心としながらも相関カリキュラムの考え方をさらに一歩進め，発展的に広げて教科内容を問題の範囲に関連して再編成したものである。つまり，時事問題などを利用するために問題の範囲を覆う教科の境界を撤廃したカリキュラムといえる。

　具体的には，歴史・地理・公民の教科を融合して社会科を創設した例や，中学校の理科における第一分野（物理・化学の融合），第二分野（生物・地学の融合）などを代表的な例としてあげることができる。

④広領域カリキュラム（broadfield-curriculum）

　教科・科目の枠組みを超えて，個々の知識や教科の関連の統合をもたらす融合カリキュラムよりも，広領域で教育内容を統合・再編成し，学習内容の細分化を克服したカリキュラムである。

　このカリキュラムには，組織・編成の仕方によって2つの型がある。1つは，教科の各領域を一度すべて解体して，それを全体として意味あるものとする「教科型」と呼ばれるものであり，他方は，「経験型」といわれているもので，学習者の自身の経験や活動を重視して，社会生活の分析により得られた領域によって組織されるといった特色をもっている。

　具体的なカリキュラム例としては，幼稚園教育要領における健康・人間関係・環境・言葉・表現といった領域や，調理・被服・育児・家政の融合としての家庭科などをあげることができる。

⑤コア・カリキュラム（core curriculum）

　コア・カリキュラムの概念は19世紀のドイツ・ヘルバルト主義教育学の「中心統合法（Konzentration）」を源流とするものであるが，わが国においては第二次世界大戦直後，アメリカの進歩主義教育（progressive education）の教育実践をモデルとして展開された歴史をもつ。コア（中核, core）とは，特定の教科，学習者の興味・関心，社会の問題などをカリキュラム全体の中心部分に設定し，その周辺部分に基礎的な知識・技術を各教科の学習活動などによって配置して円形に構造化された統合的なカリキュラムである。

　わが国のコア・カリキュラムの発展は，1948（昭和23）年10月に発足したコア・カリキュラム連盟（のちに日本生活教育連盟と改称）を中心に著しく促進された。この連盟の委員長は石山修平でこの下に梅根悟，倉沢剛らが活動していた。いったいコア・カリキュラムとはどんなものであるかを，倉沢剛『カリキュラム構成』（1949年）によってみてみよう。倉沢によれば，日本でもアメリカでもヨーロッパでも伝統的な教科中心のカリキュラムが長く続いたが，19世紀末から20世紀にかけて大きな転機が訪れた。アメリカでは1929年，未曽有の経済恐慌におそわれ，さしもの繁栄がまったく影をひそめ，1930年代を通じてかつてない社会混乱が起こったのである。アメリカ国民と教育界は，それまでの教育に深い疑問をもち，社会的にもっと有力な学校をめざしてカリキュラムの根本的な改造を企てることになった。すなわち，従来の教科カリキュラムから生活カリキュラムへの一大転機である。具体的には，社会の「民主化」の要求に基づき，カリキュラムの「生活化」をめざし，その結果カリキュラムの「総合化」「活動化」そして「個別化」の要求となってあらわれた。

　コア・カリキュラムの具体案としては，アメリカの「バージニアプラン」や倉沢剛が試案した「倉沢プラン」，1949（昭和24）年に発表されたわが国のコア・カリキュラム史上最も有名な兵庫師範学校女子部附属小学校の「明石プラン」などをあげることができる。

⑥経験カリキュラム（experience curriculum）

　このカリキュラムは，既存の学問や教科の体系に基づいた伝統的な教科主義

を廃し、学習者の主体性を何よりも重視し、その生活経験をもとにして構成されるものである。つまり、学習者の興味・関心、欲求、問題意識を中心として、さまざまな子どもの生活行動場面での問題を学習者自身が積極的に解決することを基本とするものである。ここでの教育内容は、はじめから組織的に体系、系統づけられたものではなく、学習者の直面している現実社会のさまざまな問題の経験のなかから代表的な問題を選び、それを分類・配列して教育内容が総合的に組織されるのである。

このような特徴をもった経験カリキュラムは、古くはルソー（Rousseau, J. J.：1712-1778）の教育思想やペスタロッチ（Pestalozzi, J. H.：1746-1827）の教育実践にその根拠をみることができる。とくに1896年、アメリカ・イリノイ州シカゴ市でのデューイ（Dewey, J.：1859-1952）によるシカゴ大学附属実験学校は、名実ともに経験カリキュラムの先駆的存在である。デューイは、ルソーやペスタロッチと同様に児童中心主義の系譜上に位置づけられる代表的人物である。このデューイの経験カリキュラムは、「なすことによって学ぶ（learning by doing）という経験主義（プラグマティズム：pragmatism）の思想が理論的な根拠であり、具体的には児童中心主義（child centered education）とオキュペーション（occupation）論の特徴をもっている。経験カリキュラムは、ともすると子どもの経験や自主性を重視するあまり、教師の指導性の欠如や子ども放任などに堕する危険もあり、子どもの経験の価値が担保されなければならない。

引用・参考文献

・柴田義松（2004）『教育課程カリキュラム入門』有斐閣
・安彦忠彦（2002）『教育課程編成論』日本放送出版会
・田中耕治・水原克敏・三石初雄・西岡加名恵（2009）『新しい時代の教育課程』（改訂版）有斐閣

第**2**章

教育課程行政

1．教育課程行政の構造

　わが国のすべての幼・小・中・高の学校は，各々の教育の目的・目標を実現するために年間，各学期，月間，単元，週，日，一時限などの教育計画を立てることとなっている。

　このことの基盤となる教育課程行政の構造の実際は，まさに階層構造になっているのである。まず，国が定める「教育課程の基準」としての学習指導要領を公示し，そこで都道府県教育委員会や市町村教育委員会が定める教育課程の地方基準を設けることができる。このことをふまえて，各学校の年間指導計画を中心とした教育課程が編成され，各学年や領域，教科の指導計画，学期や月，週，単元ごとの指導計画が示される。

　この流れのなかで，日々の指導計画，本時（1時限）の指導計画（指導案）が作成されるのである。

　ここで示した教育課程行政の階層構造は単純化されているが，当然相互に作用しつづけている性格ももっている。とはいえ，わが国の教育行政の特徴である上意下達的な色彩は実際において文部科学省ならびに都道府県教育委員会，市町村教育委員会の学校への強い指導性を映し出している。

　つまり，各学校における教育課程編成が適正に進められるため，文部科学省と教育委員会が教育課程行政を展開しているわけである。わが国における教育課程行政の具体的内容としては，文部科学省での学習指導要領の作成ならびに各都道府県への指導・助言をはじめ，地方教育委員会による各学校への指導・

助言，さらには各学校における教育課程編成への指導・助言，その実態評価を
もとにしたフィードバックと新たな学習指導要領の作成といった一連の指導助
言行政なのである。

2．教育課程の法体系と教育の目的

　学校の教育課程編成にかかわっての法体系については，まずは，日本国憲法，
教育基本法，学校教育法をはじめとする法に示されている教育目的および，教
育目標を実現することを前提とする。

　それは，日本国憲法第26条の第1項が示す「教育を受ける権利」において
「すべて国民は，法律の定めるところにより，その能力に応じて，ひとしく教
育を受ける権利を有する」を基底としていることはいうまでもない。まず，こ
こでは，教育課程編成の教育目的および目標について2006（平成18）年12月
22日に公布・施行された教育基本法について整理してみたい。

　先に述べたように，教育の目的はその基底として日本国憲法に依拠している
わけであるが，教育課程編成にかかわって原点となる教育目的は，直接的には
教育基本法に明文化されているといってよい。以下に条文中の「教育の目的及
理念」の箇所を引用してみる。

　（教育の目的）第1条

　　教育は，人格の完成を目指し，平和で民主的な国家及び社会の形成者とし
　　て必要な資質を備えた心身ともに健康な国民の育成を期して行われなけれ
　　ばならない。

　（教育の目標）第2条

　　教育は，その目的を実現するため，学問の自由を尊重しつつ，次に掲げる
　　目標を達成するよう行われるものとする。

　1．幅広い知識と教養を身に付け，真理を求める態度を養い，豊かな情操
　　　と道徳心を培うとともに，健やかな身体を養うこと。

　2．個人の価値を尊重して，その能力を伸ばし，創造性を培い，自主及び

自律の精神を養うとともに，職業及び生活との関連を重視し，勤労を
　　重んずる態度を養うこと。

　3．正義と責任，男女の平等，自他の敬愛と協力を重んずるとともに，公
　　共の精神に基づき，主体的に社会の形成に参画し，その発展に寄与す
　　る態度を養うこと。

　4．生命を尊び，自然を大切にし，環境の保全に寄与する態度を養うこと。

　5．伝統と文化を尊重し，それらをはぐくんできた我が国と郷土を愛する
　　とともに，他国を尊重し，国際社会の平和と発展に寄与する態度を養
　　うこと。

　先に掲げた教育基本法の教育目的および教育目標に依拠しながら，さらに教
育目標を具体的に示した学校教育法の内容についてみてみよう。

　学校教育法では第21条において，「義務教育として行われる普通教育」の目
標を10項目掲げてその目標の達成を求めているのである。

　1．学校内外における社会的活動を促進し，自主，自律及び協同の精神，
　　規範意識，公正な判断力並びに公共の精神に基づき主体的に社会の形成
　　に参画し，その発展に寄与する態度を養うこと。

　2．学校内外における自然体験活動を促進し，生命及び自然を尊重する精
　　神並びに環境の保全に寄与する態度を養うこと。

　3．我が国と郷土の現状と歴史について，正しい理解に導き，伝統と文化
　　を尊重し，それらをはぐくんできた我が国と郷土を愛する態度を養うと
　　ともに，進んで外国の文化の理解を通じて，他国を尊重し，国際社会の
　　平和と発展に寄与する態度を養うこと。

　4．家族と家庭の役割，生活に必要な衣，食，住，情報，産業その他の事
　　項について基礎的な理解と技能を養うこと。

　5．読書に親しませ，生活に必要な国語を正しく理解し，使用する基礎的
　　な能力を養うこと。

　6．生活に必要な数量的な関係を正しく理解し，処理する基礎的な能力を
　　養うこと。

7．生活にかかわる自然現象について，観察及び実験を通じて，科学的に理解し，処理する基礎的な能力を養うこと。

8．健康，安全で幸福な生活のために必要な習慣を養うとともに，運動を通じて体力を養い，心身の調和的発達を図ること。

9．生活を明るく豊かにする音楽，美術，文芸その他の芸術について基礎的な理解と技能を養うこと。

10．職業についての基礎的な知識と技能，勤労を重んずる態度及び個性に応じて将来の進路を選択する能力を養うこと。

3．教育の目的と教育課程

ここでは，教育課程編成にかかわって幼・小・中・高等学校の場合についてまとめてみよう。

幼稚園の目的は，学校教育法第 22 条において「義務教育及びその後の教育の基礎を培うものとして，幼児を保育し，幼児の健やかな成長のために適当な環境を与えて，その心身の発達を助長すること」とされている。

また，同法第 25 条において，幼稚園の教育課程その他の保育内容に関する事項は幼稚園の目的，目標の規定に従って文部科学大臣が定めるとされている。

小学校教育の目的は，学校教育法第 21 条を受けて同法第 29 条において「小学校は，心身の発達に応じて，義務教育として行われる普通教育のうち基礎的なものを施すことを目的とする」と規定されている。また同法第 33 条では，「小学校の教育課程に関する事項は，第 29 条及び第 30 条の規定に従い，文部科学大臣が定める」とあり，教育課程における文部科学大臣の権限が示されている。

なお，小学校の教育課程については，学校教育法第 29 条を受けるかたちで学校教育法施行規則第 50 条で以下のように定められている。

小学校の教育課程は，国語，社会，算数，理科，生活，音楽，図画工作，家庭，体育及び外国語の各教科，特別の教科である道徳，外国語活動，総合的な学習の時間並びに特別活動によって編成するものとする。

したがって小学校の教育課程は，各教科，特別の教科である道徳，外国語活動，総合的な学習の時間，特別活動の5領域から構成されている。

　中学校については，学校教育法第45条において教育の目的が「小学校における教育の基礎の上に，心身の発達に応じて，義務教育として行われる普通教育を施すことを目的とする」と定められている。また同法第48条では，「中学校の教育課程に関する事項は，第45条及び第46条の規定並びに次条において読み替えて準用する第30条第2項の規定に従い，文部科学大臣が定める」とされている。

　なお，中学校の教育課程については，学校教育法第45条を受けるかたちで学校教育法施行規則第72条で以下のように定められている。

　　中学校の教育課程は，国語，社会，数学，理科，音楽，美術，保健体育，技術・家庭及び外国語の各教科，特別の教科である道徳，総合的な学習の時間並びに特別活動によって編成するものとする。

　したがって，中学校の教育課程は，各教科，特別の教科である道徳，総合的な学習の時間，特別活動の4領域から構成されている。

　高等学校もしくは高等学校教育では，学校教育法第50条において教育の目的が「中学校における教育の基礎の上に，心身の発達及び進路に応じて，高度な普通教育及び専門教育を施すこと」と定められている。

　学校教育法第52条では，「高等学校の学科及び教育課程に関する事項は，前2条の規定及び第62条において読み替えて準用する第30条第2項の規定に従い，文部科学大臣が定める」と規定されている。

　この規定によって，高等学校の教育課程については，学校教育法第50条を受け，学校教育法施行規則83条に以下のように定められている（施行は2022年4月から）。

　　高等学校の教育課程は，別表第三に定める各教科に属する科目，総合的な探究の時間及び特別活動によって編成するものとする。

```
├── 各教科─国語，社会，算数，理科，生活，音楽，図画工作，家庭，体育，
│           外国語
├── 特別の教科である道徳
├── 外国語活動
├── 総合的な学習の時間
└── 特別活動─学級活動，児童会活動，クラブ活動，学校行事
```

図 2.1　小学校における教育課程

```
├── 各教科─国語，社会，数学，理科，音楽，美術，保健体育，技術・家庭，
│           外国語
├── 特別の教科である道徳
├── 総合的な学習の時間
└── 特別活動─学級活動，生徒会活動，学校行事
```

図 2.2　中学校における教育課程

```
├── 各教科─国語，地理歴史，公民，数学，理科，保健体育，芸術，外国語，
│           家庭，情報，（農業，工業，商業，水産，家庭，看護，情報，福
│           祉，理数，体育，音楽，美術，英語）＊
├── 総合的な探究の時間
└── 特別活動─ホームルーム活動，生徒会活動，学校行事
```

＊（　）内は主として専門学科において開設される各教科を示す。

図 2.3　高等学校における教育課程

```
├── 国　語　─現代の国語，言語文化，論理国語，文学国語，国語表現，古典
│           探究
├── 地理歴史─地理総合，地理探究，歴史総合，日本史探究，世界史探究
├── 公　民　─公共，倫理，政治・経済
├── 数　学　─数学Ⅰ，数学Ⅱ，数学Ⅲ，数学A，数学B，数学C
├── 理　科　─科学と人間生活，物理基礎，物理，化学基礎，化学，生物基
│           礎，生物，地学基礎，地学
├── 保健体育─体育，保健
├── 芸　術　─音楽Ⅰ，音楽Ⅱ，音楽Ⅲ，美術Ⅰ，美術Ⅱ，美術Ⅲ，工芸Ⅰ，
│           工芸Ⅱ，工芸Ⅲ，書道Ⅰ，書道Ⅱ，書道Ⅲ
├── 外国語　─英語コミュニケーションⅠ，英語コミュニケーションⅡ，英語
│           コミュニケーションⅢ，論理・表現Ⅰ，論理・表現Ⅱ，論理・
│           表現Ⅲ
├── 家　庭　─家庭基礎，家庭総合
└── 情　報　─情報Ⅰ，情報Ⅱ
```

図 2.4　高等学校の各学科に共通する各教科ならびに各教科に属する科目（2022 年 4 月施行）

4．授業時数と教育課程の基準

　小・中・高等学校における授業時数は，各々の教育内容との関連において定められるものであり，学校教育での限られた一定の範囲内に配当される。

　小，中学校の場合は，学校教育法施行規則に各教科等の標準授業時数が定められている。

　小学校においては，学校教育法施行規則第51条で「小学校の各学年における各教科，特別の教科である道徳，外国語活動，総合的な学習の時間及び特別活動のそれぞれの授業時数並びに各学年におけるこれらの総授業時数は，別表第一に定める授業時数を標準とする」とされ，小学校での各学年の標準授業時数を定めている。

　現在の学習指導要領においては，総授業時数5645時間（1年850時間，2年910時間，3年980時間，4，5，6年ともに1015時間）となっている（授業時数の1単位時間は45分である）。

　中学校においては，学校教育法施行規則第73条で「中学校（併設型中学校，第74条の2第2項に規定する小学校連携型中学校，第75条第2項に規定する連携型中学校及び第79条の9第2項に規定する小学校併設型中学校を除く。）の各学年における各教科，特別の教科である道徳，総合的な学習の時間及び特別活動のそれぞれの授業時数並びに各学年におけるこれらの総授業時数は，別表第二に定める授業時数を標準とする」とされ，中学校での各学年の標準授業時数3045時間（1年1015時間，2年1015時間，3年1015時間）となっている（授業時数の1単位時間は50分である）。

　高等学校においては，学校教育法施行規則によって小，中学校のように各教科・科目の標準授業時数が定められていない。

　したがって，単位制が採用され，1単位の算定に必要な一定の単位時間数，つまりは1単位あたりの授業時数が定められ，標準単位数をベースにしながら，それぞれの単位数を配当することにより授業時数を定めていくのである。

　実際には，全日制課程における週当たりの授業時数は，30単位時間を標準

とし，単位については1単位時間を50分とし，35単位時間行われた授業を1単位として計算することを標準としている。

5．学習指導要領と教科書

　学習指導要領とは，各学校の教育課程を編成し，実施する際の文部科学省が示す教育課程に関する国家基準（national standard）である。

　したがって，全国的に一定の教育内容，水準を維持する重要な役割をもつものである。

　各学校においては，学校教育の目的や目標を達成するために，教育の内容を児童生徒の心身の発達に応じ，授業時数との関連において総合的に組織した学校の教育計画である教育課程を編成しなければならない。一方において，日本国憲法第26条1では「すべて国民は，法律の定めるところにより，その能力に応じて，ひとしく教育を受ける権利を有する」とされ，さらに，教育基本法第4条では，以下のように教育の機会はすべての国民に均等に保障されている。

　　　すべて国民は，ひとしく，その能力に応じた教育を受ける機会を与えられなければならず，人種，信条，性別，社会的身分，総合的地位又は門地によって，教育上差別されない。

　　2　国及び地方公共団体は，障害のある者が，その障害の状態に応じ，十分な教育を受けられるよう，教育上必要な支援を講じなければならない。

　　3　国及び地方公共団体は，能力があるにもかかわらず，経済的理由によって修学が困難な者に対して，奨学の措置を講じなければならない。

　学習指導要領は原則として，国公私立のすべての学校にとって教育課程編成の基準であり，学校教育法施行規則に示されている。

　学習指導要領では小学校，中学校，高等学校，特別支援学校ごとにそれぞれの教科等の目標や教育内容が，また幼稚園においては幼稚園教育要領が定められている。これは，各学校種の教育課程での学びの内容，範囲であるスコープ（scope）と指導の順序性，体系性であるシークエンス（sequence）が示されて

いることになる。

　各学校においては，この学習指導要領をはじめ，学校教育法施行規則に定められている教科等の年間標準授業時数などをふまえて，地域や学校の実態に応じ教育課程が編成されるのである。

　幼稚園における教育要領の構成をみると，前文，第1章　総則，第2章　ねらい及び内容（健康，人間関係，環境，言葉，表現の各領域），第3章　教育課程に係る教育時間の終了後等に行う教育活動などの留意事項が示される。

　校種別にみると，小学校学習指導要領は，前文，第1章　総則，第2章　各教科（国語，社会，算数，理科，生活，音楽，図画工作，家庭，体育，外国語の各教科），第3章　特別の教科道徳，第4章　外国語活動，第5章　総合的な学習の時間，第6章　特別活動（学級活動，児童会活動，クラブ活動，学校行事）から構成されている。

　中学校学習指導要領は，前文，第1章　総則，第2章　各教科（国語，社会，数学，理科，音楽，美術，保健体育，技術・家庭，外国語），第3章　特別の教科道徳，第4章　総合的な学習の時間，第5章　特別活動（学級活動，生徒会活動，学校行事）から構成されている。

　高等学校学習指導要領は，前文，第1章　総則，第2章　各学科に共通する各教科（国語，地理歴史，公民，数学，理科，保健体育，芸術，外国語，家庭，情報，理数），第3章　主として専門学科において開設される各教科（農業，工業，商業，水産，家庭，看護，情報，福祉，理数，体育，音楽，美術，英語），第4章　総合的な探究の時間，第5章　特別活動から構成されている。

　学習指導要領という名称はアメリカのコース・オブ・スタディ（course of study）の訳語であり，わが国最初の学習指導要領は 1947（昭和 22）年の「学習指導要領・一般編（試案）」であり，1958（昭和 33）年以来ほぼ 10 年に一度改訂が繰り返され，今日にいたっている。

　学習指導要領は，文部科学大臣の諮問機関である中央教育審議会（以下，中教審）の答申を受け，文部科学省が作成を行い，文部科学大臣が「告示」することになっている。「告示」であるため，本来は法規命令的なものではないが，

歴史的に見れば1958（昭和33）年の改訂によって「基準性」は強化され，法的拘束力をもつものとされた。

　教科書は，広義には学習に有用な図書一般をさすこともあるが，通常においては初等中等教育の各学校で使用される主たる教材としての図書をいう。わが国の法令上において教科書は「教科書発行に関する臨時措置法（教科書発行法）」の第2条第1項において以下のように規定されている。

　　　この法律において「教科書」とは，小学校，中学校，高等学校及びこれらに準ずる学校において，教科課程の構成に応じて組織配列された教科の主たる教材として，教授の用に供せられる児童又は生徒用図書であって，文部科学大臣の検定を経たもの又は文部科学大臣が著作の名義を有するものをいう。

　この規定で明確なように，学校教育における教科書の位置づけは，以下の3点になる。

　一点目として，教科書は教科の主たる教材であるということである。したがって各教科の指導においては，主たる教材として使用されるが，特別活動，総合的な学習の時間などについては使用されないわけである。教科の主たる教材であるので，実際の各教科における指導においては，教科書以外の教材も補助教材として使用することは当然のことである。このことは，学校教育法第34条第4項において，「教科用図書及び第二項に規定する教材以外の教材で，有益適切なものは，これを使用することができる」と規定されている。この教科書以外の補助教材としては，副読本や参考書，問題集，学習帳，資料集，ワークブック，新聞をはじめ，DVD，スライドなど多くのものが使用されている。

　二点目として，児童または生徒用図書であるということである。授業において実際に児童生徒が使用することを前提とするわけであるから，わかりやすい内容として示されなければならないのである。

　三点目として，文部科学大臣の検定を経た検定教科書としての立場が明確に示されているということである。

　わが国において「教科書」といわれるものには，厳密に3種類のものが存在

する。まず第一に最も多く一般的なものが検定教科書であり，これは名前のとおり教科書検定制度によって使用が認められている教科書である。第二に文部科学省著作教科書といわれている教科書があるが，これは文部科学省が著作の名義を有する教科書であり，高等学校の専門教科や特別支援学校などの教科書として作成されている。第三としては，学校教育法第34条第2，3項に規定されているもので，先に述べた第一，第二の教科書以外を文部科学大臣の定めるところにより教科書として使用できるとしているものである。

　教科書の使用義務については，学校教育法第34条第1項において「小学校においては，文部科大臣の検定を経た教科用図書又は文部科学大臣が著作の名義を有する教科用図書を使用しなければならない」と規定されている。このように，検定教科書または，文部科学省著作教科書の使用を義務づけているのである。この規定については，小学校のみにならず，中学校，義務教育学校，高等学校，中等教育学校および特別支援学校にも準用されている。

6．教科書検定制度と採択のしくみ

　ここでは，現在の教科書がどのような過程で検定されているのか，その制度のしくみについてみてみよう。そもそも教科書検定制は，従来の国定制にみられる画一性と固定を避け，学問研究と教育実践の成果とを生かした特色ある教科書の編集をめざし，その著作編集にはなんらの統制も加えず，民間に任そうとするものである。しかし一方では，児童生徒のための教科書である以上，その取り扱われる内容については，児童生徒の発達段階に即した妥当正確なものでなければならず，また，公教育という立場から政治的・宗教的に中立性を担保することが必要なのである。このことに，教科書検定制の意義を見いだすことができるのである。

　現行の教科書検定の流れを具体的にみてみよう（図2.5）。まずは，民間の教科書発行者による編集作業からはじまる。ここでは，民間の教科書発行者が学習指導要領や教科用図書検定基準などをもとにして，それぞれ創意工夫を加え

図2.5　教科書が使用されるまで

出所：文部科学省『文部科学省白書2010』

た教科書を作成し，検定申請を行う。

　発行者が申請した申請図書（白表紙本）は，文部科学省内の教科書調査官の調査に付されるとともに，文部科学大臣の諮問機関である教科用図書検定調査審議会に諮問されるのである。この審議会の審議に先立って，教科書調査官による調査が実施される。その後，審議会による審議や検定意見修正を経て，その結果を文部科学大臣に答申し，文部科学大臣はこの答申に基づいて検定を行い，その結果について申請者に通知を行うという流れになっている。この審査は，教科用図書検定基準にのっとり教科書として適切かどうかの判断が行われる。

　文部科学省の検定を通過した教科書は，次に採択に進んでいくのである。すなわち，以上のような検定制度によって検定済の教科書が生まれ，このなかから実際に各学校・地区において使用される教科書を決定する「教科書採択」が行われるのである。この採択にかかる権限は，国立ならびに私立学校においては校長にあり，高等学校においては各学校で採択ができるようになっている。一方，公立の小・中学校においては各市町村教育委員会が一括して採択することになっている。

　ここでの採択された教科書の需要数は，文部科学大臣に報告される。文部科学大臣は，その報告された教科書の需要数の集計結果に基づいて，各発行者に発行すべき教科書の種類，部数などを提示する。そして，この指示を承諾した発行者が教科書を製造し，各学校に供給されるしくみになっている。

　このように採択された教科書は，義務教育の諸学校においては児童生徒に無

償給与されている。この教科書無償給与の経緯については，1951（昭和26）年度から新入学児童にのみ国語と算数の教科書を無償給与したが，のちに廃止され，1956（昭和31）年度からは就学困難な児童生徒にのみ給与されることになった。翌年には，これが準要保護児童生徒にまで拡大された。その後，義務教育の趣旨に基づき，国公私立を問わず，全児童生徒に教科書を無償給与すべきであるとの論が政府与党から出され，1962（昭和37）年には「義務教育諸学校の教科用図書の無償に関する法律」が制定され，この法律に基づいて「臨時義務教育教科用図書無償制度調査会」が設けられた。現在は，義務教育の無償により教科書の無償が実施され，今日にいたっている。

引用・参考文献
・田中耕治編（2009）『よくわかる教育課程』ミネルヴァ書房
・天野正輝（2006）『評価を生かしたカリキュラム開発と授業改善』晃洋書房
・平田宗史（1992）『教科書でつづる近代日本教育制度』北大路書房
・堀松武一・森山賢一（2005）『教育学概論』岩崎学術出版社

第**3**章

学習指導要領の歴史的変遷（1）
—1947・1951 年—

1．わが国最初の学習指導要領と戦後教育

　戦後新生日本教育の実質的スタートは，1947（昭和 22）年の 4 月であった。これは，わが国最初の学習指導要領を土台とした民主的な教育が開始されたことを意味するものである。当時文部省内においては，教育課程に関する検討が行われ，CIE（民間情報教育局）との折衝が本格的に進められた。このような経過から，1947（昭和 22）年 3 月にやっと「学習指導要領（試案）一般編」が文部省より出版された。教育基本法および学校教育法の制定より以前であることから，その法的位置づけが定まらないままに 1947（昭和 22）年 4 月の新学期から使用できるように作成されたのである。

　この学習指導要領は，小学校・中学校・高等学校に共通する「一般編」と校種ごとの各「教材編」から構成された。とくにこの学習指導要領の注目すべき点は，あくまで「試案」であって，その役割が「研究への手びき」として作成されたことである。さらに，「本書の序論　1．なぜこの書はつくられたか」の以下の記述は，この学習指導要領の特徴を明確に表現している。

　　　今わが国の教育はこれまでとちがった方向にむかって進んでいる。この
　　　方向がどんな方向をとり，どんなふうのあらわれを見せているかというこ
　　　とは，もはやだれの胸にもそれと感ぜられていることと思う。このような
　　　あらわれのうちでいちばん大切だと思われることは，これまでとかく上の
　　　方からきめて與えられたことを，どこまでもそのとおりに実行するといっ
　　　た画一的な傾きのあったのが，こんどはむしろ下の方からみんなの力で，

いろいろと，作り上げていくようになって来たということである。

　これまでの教育では，その内容を中央できめると，それをどんなところでも，どんな児童にも一様にあてはめて行こうとした。だからどうしてもいわゆる画一的になって，教育の実際の場での創意や工夫がなされる余地がなかった。このようなことは，教育の実際にいろいろな不合理をもたらし，教育の生気をそぐようになった。

このような教育のやり方が教師の主体性を失わせ，機械的で生気のない状態を生じさせたため，生き生きとした教育の実現が不可能となったとの認識に立っている。その反省に基づいて，「直接に児童に接してその育成の任に当たる教師は，よくそれぞれの地域の社会の特性を見て取り，児童を知って，絶えず教育の内容についても，方法についても工夫をこらして，これを適切なものにして，教育の目的を達成するように努めなくてはなるまい」とし，このためには教師の自主性を尊重し，子どもの主体性や要求を重視し，さらに社会の要請に応えうる教育の実践が必要なのであった。

　このような背景をふまえて，当時の文部省はこの学習指導要領が教師の「研究の手びき」であるとし，あくまでもこれまでの教育とは大きく異なり，新しく生まれた教育であることを強く打ち出したのである。

1947（昭和22）年学習指導要領（試案）の内容構成は，「序論」に続いて，「第一章　教育の一般目標」「第二章　児童の生活」「第三章　教科課程」「第四章　学習指導法の一般」「第五章　学習結果の考査」からなり，まさに教育行政の大転換をうかがい知ることができるのである。「第一章　教育の一般目標」においては，学習指導の基本的な考え方として子どもの生活経験や社会における実際の生活を重視するなかで，「生活を営む力」を育成することが述べられている。具体的な教育目標として「個人生活」「家庭生活」「社会生活」「経済生活および職業生活」の4つの生活について，25項目の目標が掲げられている。

　「第二章　児童の生活」については，児童の生活を知ることの重要性，年齢による児童生活の発達について十分な考察，吟味がなされている。ここでは，発達段階に応じた学習指導のあり方が重要視され，子ども中心の教育実践に向

けた分析が行われ，このことをふまえた教育課程編成の大原則が示されている。現代においても子どもの発達と教育の関係は中心的課題の１つとして取り上げられている問題であるが，当時としては教育観の大きな変化であるといえよう。

　つぎに，「第三章　教科課程」については，まずはじめに教育課程の意味規定・概念規定が次のように明快に示されている（括弧内は筆者挿入）。

　　　「（教科課程，教育課程とは）どの学年でどういう教科を課するかをきめ，また，その課する教科と教科内容との学年的な配当を系統づけたもの」

　　　「（教科課程は）それぞれの学校で，その地域社会生活に即して教育の目標を吟味し，その地域の児童青年の生活を考えて，これを定めるべきものである」

　上述のような教育課程に基づいた学習内容のめざすところは，子どもたちにとって「現在並びに将来に力になるようなことを，力になるように学ばなくてはならない」ということである。さらに，この学習指導要領では，学習指導のめざす方向について次のようにも述べている。

　　　ただ知識や技能を伝えて，それを児童や青年のうちに積み重ねさえすればよいのだとはいえない。学習の指導は，もちろん，それによって人類が過去幾千年かの努力で作りあげてきた知識や技能を，わからせることが一つの課題であるにしても，それだけでその目的を達したとはいわれない。児童や青年は，現在ならびに将来の生活に起る，いろいろな問題を適切に解決して行かなければならない。

　ここでは，子どもたちに「生活を営む力」を育むことを目標として，そのためには知識や技能の一方的な注入ではなく，自分の将来の生活の基礎的力を学ぶことが重視されたのである。

　このように，学校の現場の裁量にある程度ゆだねられてはいたが，そこには一定の基準も当然設けられており，「教科課程」として示された。

　小学校の教科課程では，国語，社会，算数，理科，音楽，図画工作，家庭，体育，自由研究の９教科が位置づけられていた。

　まず第一に「社会科」の誕生である。従来の修身，公民，地理，歴史をただ

一括して社会科という名前をつけたということではなく、「今日の我が国の生活からみて、社会生活についての良識と性格とを養うことが極めて必要であるので、そういうことを目的として、新たに設けられたのである」とされて、従来の教科の内容を融合して一体として学ぶことから新設されたのである。

さらに新設された科目として、「家庭」をあげることができる。戦前の「家事科」を全面的に改め、男女共学のもとで、女子に限定されていた学習を男子女子とも課した特色をもっている。また、「自由研究」も新設された。この教科は、児童の個性を尊重し、児童の興味、関心と能力に応じ一人ひとりの能力を伸ばすことができるように、教科の活動では十分行うことのできない自主的活動を行うための時間といった大きな特徴をもって新設をみたのである。

中学校の教科課程は、大きく必修科目と選択科目に区分されており、必修科目としては、国語、習字、社会、国史、数学、理科、音楽、図画工作、体育、職業の10科目で構成されている。また選択科目としては、外国語、習字、職業、自由研究の4つの科目が設置された。

ここでも小学校教科課程と同様に、社会、自由研究の科目が新設されている。また、職業が必修、選択科目として位置づけられたことも注目するところである。

2. 1951（昭和26）年学習指導要領改訂

1947（昭和22）年の学習指導要領一般編（試案）は、教育界にとって戦後はじめてのものとしては大きな意味のある第一歩であったが、短期間に作成することをよぎなくされたため、ある程度の体系性と内容の充実はあったものの、不備の箇所や課題を多く含んでいたことも事実であった。このため文部省は、1948（昭和23）年の秋ごろから、はやくも学習指導要領の改訂作業を開始した。ここでは正式に、文部省設置法の第24条の「教育課程に関する事項を調査研究し、及び審査すること」をふまえ、1949（昭和24）年7月には「教育課程審議会」が設置され、翌年には答申が出された。このなかで、自由研究の廃止な

どが示され，1951（昭和26）年学習指導要領改訂に反映されることになった。この改訂以降，「教科課程」の語にかわって，「教育課程」の語が使用されることになった。

　小学校の教科構成については，各教科一律の授業時間数を示すことを避け，時間配当も時間数ではなく，割合（％）で幅をもたせて示すこととなった。さらに，これまでの9教科の枠組みから，4つの領域という枠組みに変更され，「主として学習の技能を発達させるのに必要な教科」として「国語・算数」，「主として社会や自然についての問題解決の経緯を発達させる教科」として「社会・理科」，「主として創造的要素を発達させる教科」として「音楽・図画工作・家庭」，「主として健康の保持増進を助ける教科」として「体育」へと再編された。また「自由研究」は，「教科以外の活動」とされた。

　さらに，それぞれの領域において合科的な学習が推進され，教科の体系性というより，むしろ柔軟性が重視された。

　中学校の教育課程においては，1951（昭和26）年学習指導要領改訂にさきがけて，1949（昭和24）年に新制中学校の教科と時間数の改正が示され，「体育」が「保健体育」に改められ，「自由研究」については「特別教育活動」に変更された。

　したがって，これらのことをふまえ，1951（昭和26）年学習指導要領改訂においては，教科と特別教育活動によって教育課程が構成されることとなった。

　しかし，小学校の教育課程とは異なり，中学校では教科の枠組みは維持され，必修教科としては，国語，社会，数学，理科，音楽，図画工作，保健体育，職業家庭の8教科となり，選択教科として外国語，職業家庭，その他の教科の3教科が示された。また，自由研究は，選択教科とその他の教科，ならびに特別教育活動の双方に分けられたといえる。

第4章

学習指導要領の歴史的変遷（2）
―1958・1968・1969・1977 年―

1．1958（昭和 33）年学習指導要領改訂と戦後教育の見直し

　1958（昭和 33）年の学習指導要領改訂から，改訂にかかわってその基本方針を正式に「教育課程審議会」へ諮問するかたちをとることとなった。

　この教育課程審議会の答申，「小学校・中学校教育課程の改善について」においては，「最近における文化・科学・産業などの急速な進度に即応して国民生活の向上を図り，かつ，独立国家として国際社会に新しい地歩を確保するには，国民の教育水準を一段と高めなければならない」と述べられている。

　ここでの特記すべき内容を示すと，道徳教育の徹底を図ることを目的として「道徳」の時間を設定すること，小学校の国語，算数の内容をさらに充実させ，基礎学力の向上を図ること，科学技術教育の向上のための，小学校ならびに中学校における算数，数学，理科の充実を図ること，さらには中学校の 3 年生での進路・特性に応じた教育を実施することなどが基本方針として明示された。

　さらに，小学校・中学校間の関連をいっそう密にして，小・中学校の一貫性をもたせることや，各教科間の重複を避けて，目標・内容を精選するなどして教育の効率化を図ることが示された。つまり，これまでの生活経験主義から，系統主義への大きな変化を明瞭に示しているものである。今一つ，重要な点として取り上げなければならないのは，学習指導要領の位置づけである。

　学習指導要領は，「教育課程の国家的な最低基準を明確にし，年間における授業時間を明示し，義務教育水準の維持向上を図る」こととされ，この答申をふまえて，1958（昭和 33）年 10 月に学習指導要領改訂が行われた。

小学校の教育課程において最も注目すべき点は，特設時間「道徳」である。これまでは，戦前の修身教育への反省と経験主義教育への過度な傾斜から，道徳教育は学校教育全体で行うことになっていたが，この改訂から，道徳教育の徹底を図ることから週一時間の道徳教育の核となる時間を新設したことである。この特設道徳の実施については，正式には，1958（昭和33）年10月の学習指導要領改訂を待たずに，同年3月18日文部次官通達によって4月から前倒しで実施の運びとなった。

2．1968・1969（昭和43・44）年学習指導要領改訂と　教育内容の現代化

　1960年代にかけて世界的規模で，「教育内容の現代化」が展開されるにいたった。この「教育内容の現代化」とは，現代の高度化する科学技術にともなって，その成果を大きく反映するために，教育内容を現代の必要性に対応して，再構造化することである。

　アメリカにおいては，とくに大きなカリキュラム改革として展開された。1960年代のアメリカでは，ハイスクール生徒の学力低下問題をはじめ，直接的契機としては，1957年のソ連による人工衛星スプートニック1号の打ち上げ成功に対しての危機感から，数学や理科を中心としたカリキュラム改革が急速に進められたのである。いわゆる「スプートニック・ショック」と呼ばれる衝撃であり，当時のアメリカ政府はその後ただちに国防教育法（National Defense Education Acts：NDEA）の制定を行った。

　この一連の理数カリキュラム改革としては，PSSC（The Physical Science Curriculum. 1956）の物理，BSCS（The Biological Science Curriculum Study. 1958）の生物，CBA（The Chemical Bond Approach. 1959），CHEMS（The Chemical Education Materials Study. 1959）の化学，SMSG（The School Mathematics Study Group. 1958），UICSM（The University of Illinois Committee on School Mathematics. 1958）の数学などのカリキュラム開発が行われた。

この一連の改革において最も理論的基盤となったのが，アメリカの教育心理学者であるブルーナー（Brunar, J. S.：1915-2016）の発見学習の理論である。

ブルーナーは，1959年全米科学アカデミーがウッズホールにおいて一流学者を集めて高等学校の抜本的改革の検討会議を行った際の議長の立場にあった人物である。この会議内容を中心に吟味して公にした著書が，『教育の過程（*The Process of Education*, 1960）』である。ここでは教育内容の構成をめぐって，基本的概念の析出と系統化をはじめ，教科の構造と直観的思考の重要性や発見的学習などについて，すぐれた新しい見解を明確に示して世界的に注目を浴びた。とくに，「いかなる内容も，その知的性格をそのままにして，いかなる年齢の子どもにも教えられる」という説が掲げられ，教科の構造理解のメリットが示された。

これらの世界的な動向のなかで，わが国においても1961（昭和36）年には，茅誠司らによってPSSCが開催されて，アメリカでのカリキュラム改革の実際が紹介され，これらの「教育内容の現代化」が学習指導要領の改訂にも大きな影響を与えることとなる。

わが国においては，1965（昭和40）年6月に教育課程審議会が文部大臣から「小学校・中学校の教育課程の改善について」諮問を受けて，1967（昭和42）年10月に「小学校の教育課程の改善について」を，さらに翌1968（昭和43）年6月には「中学校の教育課程の改善について」答申したが，そこでの基本的方向性は，調和と統一のある教育課程の実現であった。この答申をふまえて，同年7月に小学校の学習指導要領改訂，1969（昭和44）年1月には中学校，1970（昭和45）年10月には高等学校の学習指導要領改訂が行われた。ここでは「教育の現代化」と「教育の高度化」が前面に出され，特徴をもったものとなった。

1968（昭和43）年7月11日改訂された小学校学習指導要領においては，これまでの4領域から3領域に再編された。したがって，教育課程は，国語・社会・算数・理科・音楽・図画工作・家庭・体育の各教科と道徳，特別活動の3領域で構成された。

ここでの特別活動は，特別教育活動と学校行事の内容を整理統合して示されたものであり，集団としての活動にかかわる人間形成が重視されたといえる。さらに授業時数の表記が，「最低授業時数」から「標準授業時数」に改められ，地域や各学校などの実態によって弾力的運用を可能としたのである。とくに「教育の現代化」を直接的に反映したものとして，算数，理科の重視をふまえた大幅な改訂があげられる。たとえば，算数については，現代の数学教育の発展を考慮して数学的な考え方を育成することが目標として掲げられ，新しい数学の概念として「集合」「関数」「確率」などの導入がはかられた。理科についても，科学的概念として，「エネルギー概念」「分子・原子の概念」などが導入され，科学の方法が重視されるようになった。とくに小学校理科では，内容の大幅改訂がなされ，科学的カリキュラム，いわゆる学問中心のカリキュラムに大きく変更された。

　まさに「教育内容の現代化」は，能力主義に大きく対応している。しかしその反面，道徳や体育の重要性が指摘されていることも見逃してはならない。

　中学校学習指導要領は 1969（昭和 44）年 4 月 14 日に改訂されたが，教育課程は小学校と同様に，教科（必修科目・選択科目）・道徳・特別活動の 3 領域によって構成された。必修教科については国語・社会・数学・理科・音楽・美術・保健体育・技術家庭の 8 教科から，選択教科は，外国語（英語・ドイツ語・フランス語・その他の外国語）・農業・工業・商業・水産・家庭の 6 教科によって構成された。

　中学校学習指導要領も小学校と同様に「教育内容の現代化」と「調和と統一」の特徴が前面に出されたといってよい。理科教育においては科学的な考え方や基礎概念の修得が重視された。また授業時間数は 175 時間も増加した。

　いま 1 つ特徴としてあげられるのは，学業不振の生徒に対する配慮である。したがって，能力別指導が可能となったわけである。このことによって，能力差に応じて生徒を振り分け授業を行うことができるようになったが，過度な能力主義への傾斜や学力差拡大の助長といった意見によって大きく批判されることとなった。

このように文部省の教育課程改革が進められ，学習指導要領改訂に大きく反映されたのであるが，一方1950年代後半から1970年代にかけて，学校現場や民間の教育団体も教科内容研究に取り組んだこともあげておきたい。

　その意味では「もう1つの現代化」ともいわれ，当時の教育課程に大きな影響を与えた。代表的な「教育内容の現代化」の取り組みとして1951（昭和26）年に数学者の遠山啓が設立した数学教育協議会の「水道方式」という量の概念を重視した計算指導の体系をあげることができる。いわゆる「一般から特殊へ」と学習原理の転換が図られ，教育内容の編成に影響を与えた実践として位置づけられている。

3．1977（昭和52）年学習指導要領改訂
―「ゆとりと充実」と人間性重視

　1973（昭和48）年11月には，文部大臣は教育課程審議会に対して「小学校，中学校及び高等学校の教育課程の改善について」諮問し，同審議会は1976（昭和51）年に最終答申を提出した。ここでは，「教育課程の基準の改善の基本方針」の「ねらい」として，人間性豊かな児童生徒を育てること，ゆとりあるしかも充実した学校生活が送られるようにすること，国民として必要とされる基礎的・基本的な内容を重視するとともに児童生徒の個性や能力に応じた教育が行われるようにすることが示された。

　まさに，これまでの能力主義からの方向転換を図り，ゆとりのある学校生活が目標として明確に示されたわけであり，そこでは，「豊かな人間性を育成」することが掲げられたのである。

　1977（昭和52）年7月には教育課程審議会答申を受けて，小・中学校学習指導要領の改訂，さらには，1978（昭和53）年には高等学校の学習指導要領改訂が行われた。

　学習指導要領全般にわたっての特徴としては，第一に学習指導要領そのものの基準の大綱化がはかられ，学習指導要領の内容も簡明に示されることとなっ

た。ここでは，教育における「ゆとり」が強調され，授業内容は削減されることとなり，小学校では授業時数の削減が行われた。小学校3・4年で週2時間，5・6年では週4時間の減少となり，その時間を各学校の自由裁量によって有効に活用することとされた。具体的には，国語，社会，理科などを削減し，体育，特別活動の授業時数は従来どおりとされたわけである。

　中学校学習指導要領においては，小学校学習指導要領と同様に授業時数は削減され，中学1・2年では，週4時間，3年で週3時間減少となり，総授業時間数および各教科の時間もそれぞれ減少した。このように時間数は減少したが，学校教育そのものの合計時間数については，減少させず，ゆとりの時間として各学校の自由裁量として創意工夫によって展開されることとなった。その意味では，「大綱化」による「弾力化」が図られたことであるといってよい。

　また第二に，教育内容の精選が進められたことである。とくに先の学習指導要領改訂によって高度化された数学ならびに理科においては，高度な内容や抽象度の高い内容については削減されたり，高等学校への移行の措置がとられた。

　いま1つ注目すべきことは，教科の選択の幅が広げられたことである。選択教科は，音楽・美術・保健体育・技術家庭・外国語およびその他とくに必要な教科（農業・工業・商業等を含む）とされたことである。

　このように，1977（昭和52）年学習指導要領の改訂は，人間性豊かな教育と教育におけるゆとりが重視され，ゆとりの時間（学校裁量の時間）も新設されるにいたったわけである。まさに，人間性豊かなカリキュラムとして人間中心のカリキュラムへの大転換が示されたのであった。

第5章
学習指導要領の歴史的変遷（3）
―1989・1998・2003 年―

1．1989（平成元）年学習指導要領改訂―新しい学力観

(1) 臨時教育審議会と教育改革の方向性

　1970 年代後半，受験競争の激化とともに学校における非行や校内暴力といった教育荒廃が進み，1980 年代に入ると少年非行をはじめとする教育問題が深刻さを増していった。これら教育問題の克服や国際化・情報化・高齢化社会への対応のため，1984（昭和 59）年 8 月，当時の中曽根康弘首相は「戦後教育の総決算」をスローガンに掲げ，内閣直属の諮問機関として「臨時教育審議会」を設置し，21 世紀に向けた教育のあり方，教育改革の方向性を検討した。3 年間の議論の末，4 回の答申が提出された。1987（昭和 62）年の最終答申では，①個性重視の原則，②生涯教育体系への移行，③変化への対応（国際社会への貢献・情報化への対応）の 3 つの柱が示され，その後の教育改革を方向づけるものとなった。

(2) 教育課程審議会答申と基本方針

　1985（昭和 60）年，教育課程審議会は文部大臣からの諮問「幼稚園，小学校，中学校及び高等学校の教育課程の規準の改善について」を受けて，1987（昭和 62）年 12 月に答申を行った。教育課程審議会は，臨時教育審議会と並行して審議を行っていたこともあり，この答申が臨時教育審議会の方針に沿った内容となった。

　答申は，科学技術の進歩と経済の発展は，物質的な豊かさを生むとともに，

情報化，国際化，価値観の多様化，核家族化，高齢化などが社会の各方面へ大きな変化をもたらし，幼児児童生徒の生活や意識に深い影響を及ぼしていることに配慮することとされた。また，国民として必要とされる基礎的・基本的な内容を重視し，個性を生かす教育の充実を図ることが示された。

そして，「教育課程の基準の改善のねらい」として，①豊かな心をもち，たくましく生きる人間の育成を図ること，②自ら学ぶ意欲と社会の変化に主体的に対応できる能力の育成を重視すること，③国民として必要とされる基礎的・基本的な内容を重視し，個性を生かす教育の充実を図ること，④国際理解を深め，我が国の文化と伝統を尊重する態度の育成を重視することの4項目が明示された。

(3) 1989（平成元）年学習指導要領の特徴

1989（平成元）年3月，前述の教育課程審議会答申を受けて，小・中・高等学校の学習指導要領の改訂が行われた。1989年学習指導要領では，社会の急激な変化に対応するため，児童生徒の自ら学ぶ意欲や思考力，問題解決学習を基本とした新しい学力観が示された。新しい学力観とは，知識の詰め込みより，児童生徒の自発的な活動や体験を重視した教育理念や方法を意味する。体験的な学習や問題解決学習を多く取り入れた学習内容が重視され，1991（平成3）年改訂の学習指導要録の観点別評価項目の筆頭に関心意欲態度が位置づけられた。

また，文化と伝統の尊重と国際理解の推進が協調され，「諸外国の生活と文化を理解すると同時に，わが国の文化と伝統を大切にする態度の育成を重視する」ことが示された。具体的には，①小・中・高等学校の学校行事における国旗・国歌の取扱いの明確化，②中・高等学校における古典学習の充実，③中・高等学校の英語授業における会話の重視などである。とくに，国旗・国歌の取り扱いは，「するのが望ましい」から「するものとする」に変更となった。さらに，社会情勢の変化に対応するため，学校週5日制が段階的に導入されはじめ，1992（平成4）年9月から第2土曜日が休みとなり，1995（平成7）年度

から隔週土曜日が休みとなった教育課程に変化していった。

　小学校の教育課程では，低学年で社会科と理科が廃止され，自立への基盤を養うことをねらいとした生活科が新設された。生活科は，「具体的な活動や体験を通して，自分と身近な社会や自然とのかかわりに関心をもち，自分自身や自分の生活について考えさせるとともに，その過程において生活上必要な習慣や技能を身に付けさせ，自立への基盤を養うことをねらいとして構想する」教科とされた。また，生活科の指導に際しては，幼稚園との連携が求められ，合科的な指導と体験的な活動が重視されたのである。小学校では，各教科・道徳・特別活動の３領域構成であるが，各教科が国語，社会，算数，理科，生活，音楽，図画工作，家庭・体育の９教科となった。

　中学校の教育課程では，全体的に従前と同様であるが，各教科の選択教科の幅の拡大と習熟度別指導の導入の奨励が特徴としてあげられる。中学校では，各教科・道徳・特別活動の３領域であり，各教科の必修教科が国語，社会，数学，理科，音楽，美術，保健体育，技術・家庭と，選択教科が前述８教科に外国語を加えた９教科となった。特別活動に学級活動，生徒会活動，学校行事に新たにクラブ活動が加わった。

　高等学校の教育課程では，戦後教育の象徴である社会科と家庭科に変化があった。個性化を求める社会的な要請とともにグローバル化に対応する形で，社会科が地理歴史科と公民科に再編され，地理歴史科の世界史が必修となり，これまで女子のみ必修であった家庭科は男女必修教科となった。高等学校普通科の科目では，卒業単位が80単位と前回と変わらないが，選択科目が増加しコースや生徒によって学習内容が大きく異なるようになった。

　また，1993（平成５）年４月，これまで定時制・通信制課程において導入されていた単位制高等学校が全日制課程においても設置が可能となり，翌1994（平成６）年度には普通科と専門学科に並ぶ総合学科の新設といった制度改革が行われた。これにより生徒による選択が重視される教育課程になっていった。

2. 1998（平成10）年学習指導要領改訂
―ゆとりのなかで生きる力を培う

(1) 中教審答申「21世紀を展望した我が国の教育のあり方について」

　1990年代に入ると，いじめや不登校，受験競争の過熱化といった教育問題が数多くニュースを賑わせ，一方で国際化・情報化・科学技術の進展や少子高齢化，経済構造の変化が社会生活に大きな変化をもたらしていった。文部省は，臨時教育審議会の答申をふまえながらも，豊かな人間性の育成や個性を生かした教育など新たな社会変化に対応した教育改革を進めることになった。1995（平成7）年4月，創造的で活力があり，ゆとりと潤いのある社会を築く21世紀を見据えた教育を構想し，文部大臣は第15期中教審に「21世紀を展望した我が国の教育のあり方について」を諮問した。

　1996（平成8）年7月には第一次答申が提出され，新たな教育理念として「ゆとり」のなかで「生きる力」を育むことを掲げたのである。そのために，子どもたちと社会全体にゆとりを保証し，家庭，学校，地域社会がバランスよく教育を担い，生活体験や自然体験等の体験活動の機会拡充を求めた。そこで，学校では「知識を教え込む教育から，自ら学び自ら考える教育への転換」をめざし，①教育内容の厳選と基礎・基本の徹底，②生徒一人ひとりの個性の伸長，③「総合的な学習の時間」の新設，④完全学校週5日制の導入等が提言されたのである。また，答申には基本的な倫理観を養い，しつけを行う場である家庭の教育力を充実することと，生活体験や社会体験，自然体験を豊富に積み重ねるため，地域社会における教育を活性化させることの重要性も併記された。

　同年8月，文部大臣から教育課程審議会に対し「幼稚園，小学校，中学校，高等学校，盲学校，聾学校及び養護学校の教育課程の基準の改善について」諮問を行い，1998（平成10）年に答申が行われた。この答申も，第15期中教審答申で掲げられた「ゆとり」のなかで「生きる力」を育む教育をふまえたものであり，この教育理念をもとに学習指導要領の改訂が進められた。

(2) 1998 (平成 10) 年学習指導要領の理念

1998（平成 10）年 12 月に小学校・中学校の学習指導要領が改訂され，1999（平成 11）年 3 月に高等学校学習指導要領も改訂された。また，小・中学校においては，2002（平成 14）年 4 月より全面実施され，高等学校では 2003（平成 15）年 4 月から第 1 学年より学年進行で実施された。

1998 年学習指導要領は，第 15 期中教審の第一次答申「21 世紀を展望した我が国の教育のあり方について」に基づく，「『ゆとり』の中で『生きる力』を育む」教育理念を具体化させ，1980 年代から進められた学校教育における「ゆとり」路線を継承し，最も深化させた内容となった。

また，「生きる力」とは，①「自分で課題を見つけ，自ら学び，自ら考え，主体的に判断し，行動し，よりよく問題を解決する能力」，②「自らを律しつつ，他人と協調し，他人を思いやる心や感動する心など豊かな人間性とたくましく生きるための健康・体力」であると定義されたのである。

「ゆとり」教育を実現するため，各学校の創意工夫によって特色ある教育活動を可能とした「総合的な学習の時間」が新設されたこと，完全学校週 5 日制が導入されたこと，授業時数の縮減と教育内容の厳選により，教育内容が 3 割削減されたことが特筆される。

(3) 1998 (平成 10) 年学習指導要領の特徴

1998 年学習指導要領の最たる特徴は，「生きる力」育成の中心となる「総合的な学習の時間」の新設であった。同年 7 月の教育課程審議会答申は，一教科にとどまらず，複数領域にわたるテーマを設け，児童生徒の興味関心などに基づいて横断的・総合的に進める学習の必要性を示した。同答申を受けた 1998 年学習指導要領は「各学校は，地域や学校，児童・生徒の実態に応じて，横断的・総合的な学習や児童・生徒の興味関心等に基づく学習など創意工夫を生かした教育活動」として「総合的な学習の時間」を設けたのである。

「総合的な学習の時間」のねらいは，「自ら課題を見付け，自ら学び，自ら考え，主体的に判断し，よりよく問題を解決する資質や能力を育てる」とともに，

自己の生き方を考えるとされた。このねらいを実現するための学習課題は、①国際理解、情報、環境、福祉・健康などの横断的課題、②児童生徒の興味関心に基づく課題、③地域や学校の特色に応じた課題、④自己の生き方や進路について考察する課題とされ、各学校ではこれらを選択し、適切な名称を定めることとした。また、その学習方法は、①自然体験やボランティア活動などの社会体験、観察・実験、見学・調査、発表・討論などの体験的な学習方法により、問題解決学習を積極的に取り入れること、②グループや異年齢集団による多様な学習形態、全教員や地域の人々の協力を得ながら、地域教材や学習環境の積極的な活用が求められた。

年間授業数は、小学校中学年で105単位時間、高学年で110単位時間、中学校で70〜130単位時間、高等学校では卒業までに105〜210単位時間で実施する。教科として扱わないため、数字による評価は行わない。「総合的な学習の時間」によって、教員主導の授業から児童生徒の主体的な学習活動を中心とした授業への転換がめざされ、学校の裁量範囲が広がったといえる。いっぽうで、各教師による問題解決学習への意識変換や技能獲得、各学校のバックアップ体制の構築が課題となった。

次なる特徴は、学校内外での学習促進をめざす「ゆとり」実現のため、2002（平成14）年度から全面実施された学校完全週5日制に伴う、授業時間縮減と教育内容の厳選・3割削減である。授業時数は、小学校・中学校において各学年年間70単位時間（小学校1学年のみ年間68単位時間）、週当たり2単位時間の削減が行われた。また、小学校・中学校の教育課程は、各教科・道徳・特別活動・「総合的な学習の時間」の4領域、高等学校は、各教科・特別活動・「総合的な学習の時間」の3領域で構成された。

小学校では、各教科が前回の学習指導要領と同じ9教科で、3年からの活動として「総合的な学習の時間」が加わった。中学校では、各教科が国語、社会、数学、理科、音楽、美術、保健体育、技術・家庭、外国語であり、外国語が新たに必修となり、英語の履修が原則となった。特別活動に含まれていたクラブ活動は廃止された。高等学校では、普通教育に関する各教科が国語、地理歴史、

公民，数学，理科，保健体育，芸術，外国語，家庭，情報であり，情報が高度
情報化社会への対応として新設された。また，専門教育に関する各教科が農業，
工業，商業，水産，家庭，看護，理数，体育，音楽，美術，英語のほか，情報
と福祉の2教科が新設された。特別活動のクラブ活動は，中学校と同様に廃止
となった。

3．2003（平成15）年学習指導要領一部改訂
―学力低下論争と学びのすすめ

(1) 確かな学力の向上のための2002アピール―学びのすすめ―

1998（平成10）年学習指導要領の授業時数縮減や教育内容3割削減が発表さ
れると，「ゆとり」という言葉のみが独り歩きし，国際競争の激しい時代を迎
えるにあたり「ゆとり」教育への不安や批判が広く巻き起こった。折しも，「少
子化の進展により大学全入時代が到来する」「大学生の学力が危機的状況にあ
る」といったマスコミ報道もあり，学力低下論争が社会問題化していったので
ある。

2002（平成14）年1月，文部科学省は学習指導要領の本格実施の直前に，「確
かな学力の向上のための2002アピール―学びのすすめ―」を発表し，激しさ
を増す学力低下の不安に応えるとともに，文部科学省の基本的見解を維持する
ねらいがあった。「学びのすすめ」には，「①きめ細やかな指導で，基礎・基本
や自ら学び考える力を身に付ける，②発展的な学習で一人ひとりの個性に応じ
て子どもの力をより伸ばす，③学ぶことの楽しさを体験させ，学習意欲を高め
る，④学びの機会を充実し，学ぶ習慣を身に付ける，⑤確かな学力向上のため
の特色ある学校づくりを推進する」といった5項目があげられ，「学習指導要
領は最低基準」であることが明示された。

(2) 2003（平成15）年学習指導要領一部改訂の特徴

2003（平成15）年5月，文部科学大臣は中教審に対し，今後の初等中等教育

の推進方策について包括的な諮問を行い，同年10月に中教審は「初等中等教育における当面の教育課程及び指導の充実・改善策について」の答申を提出した。この答申を受け，同年12月に異例ともいえる学習指導要領の一部改訂が行われた。

　一部改訂の特徴は，第一に学習指導要領の「基準性」をふまえた指導の一層の充実である。「学習指導要領は最低基準」とされたことで，児童生徒の実態に応じ，学習指導要領に示された内容を超えて，発展的な内容を教えることができるようになった。

　第二は，「総合的な学習の時間」の一層の充実である。「総合的な学習の時間」の目標・内容・全体計画を明確化し，各教科や道徳，特別活動との関連をもたせるとともに，図書館・博物館等との連携や地域の教育資源の活用が求められた。

　第三は，「個に応じた指導」の一層の充実である。小学校における習熟度別学習や小学校・中学校における「補充的な学習」「発展的な学習」などの指導方法が例示された。

　文部科学省は，「一層の充実」という文言で従来の基本方針に変更がないことを示したが，この一部改訂は「ゆとり」路線から「確かな学力」向上への教育政策転換を意図するものであった。

引用・参考文献

・中教審第一次答申パンフレット（1995）「21世紀を展望した我が国の教育のあり方について―子供に［生きる力］と［ゆとり］を」
・吉岡栄・菱田隆昭（2000）『教育学概論―保育・初等・中等〈改訂版〉』高陵社
・中井浩一編（2003）『論争・学力崩壊2003』中央公論新社
・森山賢一編（2013）『教育課程編成論』学文社
・細尾萌子・田中耕治編（2018）『教育課程・教育評価』ミネルヴァ書房
・根津朋実編（2019）『教育課程』ミネルヴァ書房

第6章

学習指導要領の歴史的変遷（4）
―2008・2017年―

　本章では現代の学習指導要領について，2008年学習指導要領と最新（2021年現在）の2017年学習指導要領（高校の改訂は2018年）を概説する。詳細は，幼小については第9章，中高については第10章に譲るとして，ここでは義務教育である小学校と中学校を中心に，全体的な特徴を考察する。なお改訂のスケジュールは図6.1のとおりとなる。

1．2008（平成20）年の改訂―「ゆとり教育」から「確かな学力」へ

⑴　「教育の振り子」の揺り戻し―「脱ゆとり教育」

　「教育の振り子」と呼ばれる現象がある。これまでの教育が，子ども中心と教科中心の両極の間を，振り子のように揺れてきたことをさしている。学習指

		2018	2019	2020	2021	2022
幼稚園	2017.3.31 改訂	全面実施				
小学校		移行期間		全面実施		
中学校		移行期間			全面実施	
高等学校		2018.3.30 改訂	移行期間			年次進行で実施※
特別支援学校	特別支援学校幼稚部・小学部・中学部は2017年4月28日改訂，特別支援学校高等部は2019年2月4日改訂。実施は幼小中高に合わせる。					

※全面実施とは異なり，2022年4月1日以降に高等学校の第1学年から開始し，2023年に第2学年，2024年に第3学年に順次適用する。

図6.1　2017年学習指導要領改訂のスケジュール

出所：筆者作成

導要領改訂の歴史も「教育の振り子」にたとえられることがあるが，2008年改訂に顕著な特徴として，久しぶりに振り子が教科のほうに揺り戻されたことが指摘できる。学習指導要領は1977年改訂以降しばらく，「ゆとり教育」や「個性尊重」に象徴されるように，教科よりも子どものほうに軸足をおいてきた。21世紀に入って初の改訂においては，「ゆとり教育」から「確かな学力」へと大きくシフトした。

　この大きな変動の背景には「学力低下論争」があった。20世紀末には「分数ができない大学生」が話題となるなど，「ゆとり教育」への批判が高まる。2000（平成12）年からは，PISAと呼ばれる国際学習到達度調査（Programme for International Student Assessment）が実施されるようになり，学力問題はグローバル化してゆく。2003年に行われたPISAでは，日本の子どもの学力低下が指摘された。国内外で学力が社会問題となったのである。

⑵　学力の向上―定義，習得と活用，授業時数の増加

　それを受けて2008年の改訂では，以下のような諸点から学力の向上に力が入れられた。第一に，学力が法的に定義された。学校教育法の改正により，学力は，「①基礎的な知識・技能の習得，②知識・技能を活用して課題を解決するために必要な思考力・判断力・表現力等，③主体的に学習に取り組む態度（学習意欲）」という3点から定義された（学力の三要素ともいう）。

　第二に，学力の定義で示された，習得と活用におけるバランスが重視された。それにより先にふれた「教育の振り子」に終止符を打ち，子どもも教科も同等に重視しようとした。図6.2は全国学力・学習状況調査の小学校6年生算数からの出題例である。習得とは，①のような「知識型問題」に答えられる学力である。図中の平行四辺形の面積を，「底辺×高さ÷2」という公式を使って導き出せるかが問われる。それに対して，②においては，読解力をはたらかせて必要な情報を読み取り，習得した知識・技能（平行四辺形の面積を求める公式）を生かして問題を解決することが求められる。このように活用とは，実際に問題を解決できる（この問題では東公園と中央公園のどちらが広いかの判断）学力を

①次の平行四辺形の面積を求める式と答えを書きましょう

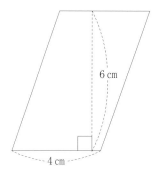

②東公園と中央公園の面積では，どちらの方が広いですか。答えを書きましょう。また，そのわけを，言葉や式などを使って書きましょう。

○ 道路ア，イ，ウは，それぞれ道路ケに垂直です。
○ 道路ア，イ，ウは，それぞれ道路コに垂直です。

図 6.2 　習得と活用の具体例

出所：文部科学省ウェブサイト

意味している。

　第三は，「確かな学力」を身につけられるようにするための，授業時数の増加である。小学校の場合，前学習指導要領から 278 単位時間増えて 5645 単位時間となった。中学校の場合は，105 単位時間増えて 3045 単位時間となった。ちなみに単位時間とは，授業 1 コマ分の時間で，小学校は 45 分，中学と高校は 50 分である。年間の授業週数は 35 週であるので，35 単位時間だと週 1 コマ授業が行われることになる。

　授業時数は増加したが，その増加分と同じだけ指導内容が増えたわけではない。時間的には余裕がでるので，それをつまずきやすい内容の繰り返し学習や，観察・実験，レポートの作成，論述などの学習活動の充実にあてることができる。それにより，習得と活用をともに充実させようとした。

2. 2017（平成29）年の改訂—改訂の基本的な考え方と方法

(1) 授業時数の変化

　2017年学習指導要領の改訂について，小・中学校「学習指導要領解説　総則編」の「第1章　総説　1改訂の経緯及び基本方針」を中心に考察する。まずは授業時数をこれまでの学習指導要領と比較してみよう。図6.3はこれまでの学習指導要領の変遷を簡潔にたどりながら，小・中学校の総授業時数をグラフ化したものである。中学校の総授業時数は前回と同じである。小学校は，5645単位時間から5785単位時間と140単位時間増加した。高学年で従来の外国語活動35単位時間を廃止して外国語科を70単位時間新設し，中学年に外国

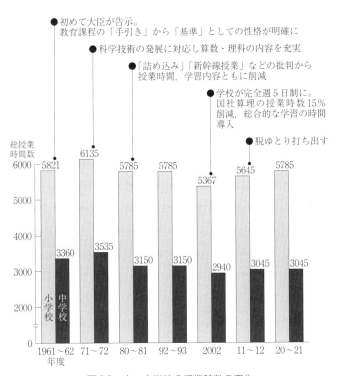

図6.3　小・中学校の授業時数の変化

出所：『産経新聞』2017年2月15日付を一部修正

語活動を 35 単位時間新設したことによる増加である。

　この増加で，小学校の総授業時数は，1977 年学習指導要領（図 6.3 の 80～81 年度），1989 年学習指導要領（図 6.3 の 92～93 年度）と同じになった。ただし，当時はまだ週 6 日授業であった。週 5 日制の現在では，授業コマ数でいうと，高学年はすでに一日 6 コマがほぼ埋まっている状況にある。1 コマを 10～15 分程度で数回に分けて，始業前などに行うことが提案されている。教員や児童生徒への負担が懸念されるところである。

(2)　何ができるようになるか──「資質・能力」とコンピテンシー

　改訂のポイントとしては，「何を学ぶか」について時代に合わせて見直ししながら（たとえば，小学校における外国語教育の教科化，高等学校の新科目「公共」の新設），それにとどまらず「何ができるようになるか」を明確にしている。「何を学ぶか」は「コンテンツ（内容）」を示している。それに対して「何ができるようになるか」ということは，学んだことを理解して活用すること，あるいはそうしようとする態度まで包括している。それを「資質・能力」と呼んで明示している。

　「資質・能力」については，「学習の基盤となる資質・能力（言語能力，情報活用能力（情報モラルを含む），問題発見・解決能力等）」や「現代的な諸課題に対応して求められる資質・能力」と説明されている。それは，「①生きて働く知識・技能，②未知の状況にも対応できる思考力・判断力・表現力等，③学びを人生や社会に生かそうとする学びに向かう力・人間性等の涵養」という 3 つの柱からなる。その 3 つをバランスよく育成して「確かな学力」「健やかな体」「豊かな心」からなる「生きる力」を養うというねらいは，前回の学習指導要領を継承するものである。

　「資質・能力」は，OECD（経済協力開発機構）が提起する「キー・コンピテンシー」のように，どの教科でも，また学校外でも活用しうる「汎用的スキル（generic skill）」といわれる。「キー・コンピテンシー」は，①知識やコンピュータのような道具を社会とかかわりながら活用する力，②人間関係形成能力，

③自立的に行動する能力（自己のアイデンティティや価値観の確立，責任感など）からなるが，そのような力は何を学ぶにせよ必要になる。「資質・能力」には自制心や意志のような「非認知的能力」も含まれ，それが「何を学ぶか」ということ以上に学びにおいて決定的な役割を果たすとされる。「何ができるようになるか」を重視する今回の改訂は，教科を超えて用いられる教科横断的な能力や，知識や技能を超えた情意的能力にますます重点がおかれるようになっている。汎用性を重視し，コンテンツ・ベースからコンピテンシー・ベースへとシフトすることがめざされている。

(3) どのように学ぶか――「主体的・対話的で深い学び」

「何ができるようになるか」を示す「資質・能力」を明確化したうえで，それを「どのように学ぶか」ということも示されている。その学び方を示すのが，「主体的・対話的で深い学び」である。2017 年の改訂では「アクティブ・ラーニング」が話題となったが，定義の曖昧さから，学習指導要領では用いられなかった。2016（平成 28）年の中教審答申「幼稚園，小学校，中学校，高等学校及び特別支援学校の学習指導要領等の改善及び必要な方策等について」では，「アクティブ・ラーニング」を「主体的・対話的で深い学び」を実現するために共有すべき授業改善の視点と位置づけている。「アクティブ」に学ぶとは，主体的に，対話的に，深く学ぶことと理解されている。

「主体的な学び」は，①学ぶことに対する興味や関心，②自己の人生・キャリアの形成，③自己の学びに対する省察とそれに基づく改善の継続などを意味する。自分の興味・関心や人生・職業については，誰しも積極的・能動的・継続的に学びやすく，主体性を発揮しうると想定されている。

「対話的な学び」における「対話」は，①子ども同士，②大人（教職員や地域の人），③先哲（過去のすぐれた人物）の考え方との間で行われるとされる。それを通して，考えを広げたり深めたりすることがめざされる。

「深い学び」とは，①各教科などの特質に応じた「見方・考え方」を働かせながら，②知識を相互に関連づけたり，③情報を精査したり，④問題を見つけ

て解決したり，⑤思いや考えをもとに創造したりすることに向かう学びとされる。この①〜⑤が学びに「深さ」をもたらすということになる。

このなかの「見方・考え方」も改訂のキーワードである。「どのように学ぶか」にかかわるとされ，「各教科等の特質に応じた物事を捉える視点や考え方」と定義されている。たとえば，算数・数学であれば「事象を数量や図形及びそれらの関係などに着目して捉え，論理的，統合的・発展的に考えること」，国語であれば「対象と言葉，言葉と言葉の関係を，言葉の意味，働き，使い方等に着目して捉え，その関係性を問い直して意味付けること」である（中教審答申，2016年）。各教科等にはそれぞれ固有の「見方・考え方」があり，それらを適宜統合しながら働かせて「深い学び」を実現する授業とすることが求められている。

(4) 教育課程の新理念としての「社会に開かれた教育課程」

幼・小・中・高すべての学習指導要領改訂の経緯に関する解説では，「子供たちを取り巻く環境の変化により学校が抱える課題も複雑化・困難化する中で，これまでどおり学校の工夫だけにその実現を委ねることは困難になってきている」ことが言及されている。そのような共通認識のもとで新たに提起されているのが，「子供たちが未来社会を切り拓くための資質・能力」を育成するために，「資質・能力」を社会と共有し，連携する「社会に開かれた教育課程」である。これは「これからの教育課程の理念」とされ，次の3つからなる。

①社会や世界の状況を幅広く視野に入れ，よりよい学校を通じてよりよい社会を創るという目標を持ち，教育課程を介してその目標を社会と共有していくこと。

②これからの社会を創り出していく子供たちが，社会や世界に向き合い関わり合い，自分の人生を切り拓いていくために求められる資質・能力とは何かを，教育課程において明確化し育んでいくこと。

③教育課程の実施に当たって，地域の人的・物的資源を活用したり，放課後や土曜日等を活用した社会教育との連携を図ったりし，学校教育を学

校内に閉じずに，その目指すところを社会と共有・連携しながら実現さ
　　せること。

　それぞれが「社会に開く」ということの説明となっている。①に関しては，
学習指導要領を「学びの地図」として，家庭や地域における学びとすることも
指摘されている。そうすることで学校が社会を創るという意味で，教育課程が
「社会に開かれ」ている。②における「社会に開かれた教育課程」とは，社会
や世界をよりよく生きていくための資質・能力を含意する。③は，学校と家庭
や地域の連携・協力という意味での「社会に開かれた教育課程」である。学校
を，児童生徒のみならず，大人の学びの場とすることもめざされている。

　そのような教育課程の理念を実現するために，2017 年学習指導要領では，
よりよいカリキュラムを各学校や教師が作成するための基本方針として「カリ
キュラム・マネジメント」が提起されている。これも重要な改訂のポイントで
あり，第三部で詳述されている。要点のみ確認すると，教育課程を組織的かつ
計画的に「マネジメント」（作成・実施・改善など）していくこととされる。「マ
ネジメント」のポイントは，①児童，学校，地域の実態に合わせながら「資質・
能力」を養う教科横断的カリキュラムとする，②「何を学ぶか」「何ができる
ようになるか」「どのように学ぶか」に加えて，「何が身に付いたか」を把握す
る学習評価を充実させる，③よりよいカリキュラムとするための人的・物的環
境を整備したり改善したりするの 3 点である。

3．学習指導要領のグローバル化と日本型の教育
―これまでの蓄積の継承と発展

　学習指導要領の歴史的変遷に関する考察は本章で終わりとなるが，最後にこ
れまでの蓄積の継承と発展という観点から総括しておきたい。文部科学省によ
る幼稚園，小・中学校における「改訂のポイント」のなかでは，「これまでと
全く異なる指導方法を導入しなければならないと浮き足立つ必要はなく，これ
までの教育実践の蓄積を若手教員にもしっかりと引き継ぎ，授業を工夫・改善

する」ことが必要とされている。「教育実践の蓄積」の例としては，国語では「語彙を表現に生かす」（学んだ語彙を生活のなかで話したり書いたりして表現する際に生かす），算数・数学では「日常生活の文脈で数学を活用する」，理科では「観察・実験を通じて科学的に根拠をもって思考する」，社会では「社会について資料に基づき考える」といったことがあげられている。そのようなことを再確認するのは，アクティブ・ラーニングや「主体的・対話的で深い学び」がともすると話題先行となり，新たな教育を行うことへの期待や願望とともに，混乱や懐疑が生じたことへの反省や警鐘ともとれる。

　あるいはそれは，日本には世界に誇る日本型の教育を実践してきたという自負ともいえるのではないか。文部科学省は「日本型教育の海外展開事業」を推進し，初等中等教育でいえば，きめ細かな授業研究・教材研究やそれに基づく授業づくりに支えられた高い基礎学力や，質の高い理数教育において海外に貢献しようとしている。掃除や運動会のような特別活動を通しての規律ある生活習慣も，世界に知られるところとなっている。

　とくに 2008 年学習指導要領と 2017 年学習指導要領は，国際学力テストやコンピテンシーのような世界水準での学力論を反映している。それを教育のグローバル化と呼ぶとすれば，それに対応した学習指導要領とすることは必要かつ有効であろう。少子高齢化，人工知能（AI）や IoT（Internet of Things；モノのインターネット）の推進といった先進国と同じ課題に日本も直面しているからである。その一方で，これまでの学習指導要領の変遷をふまえて日本が独自に築き上げてきた蓄積を確実に継承し，グローバル化に対応しつつ日本型の教育課程を再構築しつづけることもまた重要な課題である。

第二部
教育課程編成の基本原理および教育実践に即した教育課程編成の方法

第7章

教育課程編成の方法

1．教育課程の意義と教育課程編成の原則

　小学校および中学校の2017年学習指導要領は，「第1章　総則」の冒頭で以下のように書いている（カッコ内は中学校）。

　　　各学校においては，教育基本法及び学校教育法その他の法令並びにこの章以下に示すところに従い，児童（生徒）の人間として調和のとれた育成を目指し，児童（生徒）の心身の発達の段階や特性及び学校や地域の実態を十分考慮して，適切な教育課程を編成するものとし，これらに掲げる目標を達成するよう教育を行うものとする。

　高等学校では，引用部の「学校」が「課程や学科の特色及び学校」となっている。

　「学習指導要領解説　総則編」では，「学校において編成する教育課程」とは「学校教育の目的や目標を達成するために，教育の内容を児童（生徒）の心身の発達に応じ，授業時数との関連において総合的に組織した各学校の教育計画である」（カッコ内は中学校および高等学校）とし，教育課程の編成の際の基本的な要素として「学校の教育目標の設定，指導内容の組織及び授業時数の配当」があげられている。

　上の引用文のはじめに，「各学校においては（中略）適切な教育課程を編成するものとし」とあるように，教育課程を編成する主体は学校である。当該学校所属の全教職員の協力のもと，校長が責任者となって教育課程を編成するという意味である。

つぎに，「教育基本法及び学校教育法その他の法令並びにこの章以下に示すところに従い，（中略－引用者）適切な教育課程を編成するものとし，これらに掲げる目標を達成するよう教育を行うものとする」とある。総則の解説は，この点を「教育課程の編成の原則」の第1点としている。

　「これらに掲げる目標」とは，まず2006（平成18）年に改正された教育基本法では，第1条で教育の目的を，第2条で教育の目標を，さらに第5条第2項では義務教育の目的について規定している。そしてこれらを受けて，学校教育法は第21条で義務教育の目標について述べ，小学校の目的（第29条）・目標（第30条），中学校の目的（第45条）・目標（第46条），高等学校の目的（第50条）・目標（第51条）について規定し，各学校の「教育課程に関する事項」は「文部科学大臣が定める」としている（第33条，第48条，第52条）。

　さらに，学校教育法施行規則において，各学校の教育課程の編成については以下のように規定されている（本書第9章，第10章も参照）。

　　　小学校の教育課程は，国語，社会，算数，理科，生活，音楽，図画工作，家庭，体育及び外国語の各教科（中略），特別の教科である道徳，外国語活動，総合的な学習の時間並びに特別活動によって編成するものとする。（第50条）

　　　中学校の教育課程は，国語，社会，数学，理科，音楽，美術，保健体育，技術・家庭及び外国語の各教科（中略），特別の教科である道徳，総合的な学習の時間並びに特別活動によって編成するものとする。（第72条）

　　　高等学校の教育課程は，別表三に定める各教科に属する科目，総合的な学習の時間及び特別活動によって編成するものとする。（第83条）

　そして，各学校の教育課程については，それぞれの章に定めるもののほか，教育課程の基準として文部科学大臣が別に公示する小学校，中学校，高等学校の各学習指導要領によるものとすると規定されているのである（第52条，第74条，第84条）。

　このように，学習指導要領は国が定めた教育課程の基準であり，各学校においては教育課程の編成および実施にあたっての基準としてこれに従わなければ

ならない。「教育課程の編成における共通的事項」として総則は，「以下に示す各教科，道徳科及び特別活動の内容に関する事項は，特に示す場合を除き，いずれの学校においても取り扱わなければならない」という（中学校）。

　ただし，学習指導要領の「基準性」については，1958（昭和 33）年学習指導要領以来のこうした意味合いとともに，2003（平成 15）年の一部改正時に明確にされた「最低基準」としての「基準性」についても理解しておく必要がある。1998（平成 10）年の学習指導要領が告示されたあとのいわゆる「学力低下論争」のなかで文部科学省は，学習指導要領は「すべての生徒に対して指導するものとする内容の範囲や程度等を示したもの」，すなわちすべての児童生徒が学ぶべき最低基準であり，「学校において特に必要がある場合」には「発展的学習」として学習指導要領の範囲を超えて学習することを認めた。以下に「2017 年中学校学習指導要領　総則」から引用しておく。

　　　学校において特に必要がある場合には，第 2 章以下に示していない内容を加えて指導することができる。また，第 2 章以下に示す内容の取扱いのうち内容の範囲や程度等を示す事項は，全ての生徒に対して指導するものとする内容の範囲や程度等を示したものであり，学校において特に必要がある場合には，この事項にかかわらず加えて指導することができる。ただし，これらの場合には，第 2 章以下に示す各教科，道徳科及び特別活動の目標や内容の趣旨を逸脱したり，生徒の負担過重となったりすることのないようにしなければならない。

　また，同じく 1998 年学習指導要領で誕生した「総合的な学習の時間」については，「例えば国際理解，情報，環境，福祉・健康などの横断的・総合的な課題，生徒の興味・関心に基づく課題，地域や学校の特色に応じた課題などについて，学校の実態に応じた学習活動を行うものとする」とされ，学校において大幅な創意工夫の余地が認められている。

　各学校における創意工夫の余地については，同上総則で次のように書かれていることも確認しておこう。

　　　以下に示す各教科，道徳科及び特別活動の内容に掲げる事項の順序は，

特に示す場合を除き，指導の順序を示すものではないので，学校において
は，その取扱いについて適切な工夫を加えるものとする。

はじめの引用文では，「生徒の人間として調和のとれた育成を目指し，生徒
の心身の発達の段階や特性及び学校や地域の実態を十分考慮して」とも書かれ
ていた。これが「教育課程の編成の原則」の第2点になる。

「生徒の人間として調和のとれた育成を目指」すとは，学校教育の目的その
ものであると総則は強調している。小学校，中学校および高等学校学習指導要
領総則では，以下の3つの「事項の実現を図り，生徒に生きる力を育むことを
目指すものとする」として知・徳・体のバランスの取れた「生きる力」の育成
をめざすべきことを述べている（カッコ内は中学校および高等学校）。

(1)　基礎的・基本的な知識及び技能を確実に習得させ，これらを活用して
　　課題を解決するために必要な思考力，判断力，表現力等を育むとともに，
　　主体的に学習に取り組む態度を養い，個性を生かし多様な人々との協働
　　を促す教育の充実に努めること。

(2)　道徳教育や体験活動，多様な表現や鑑賞の活動等を通して，豊かな心
　　や創造性の涵養を目指した教育の充実に努めること。

(3)　学校における体育・健康に関する指導を，児童（生徒）の発達の段階
　　を考慮して，学校の教育活動全体を通じて適切に行うことにより，健康
　　で安全な生活と豊かなスポーツライフの実現を目指した教育の充実に努
　　めること。

つぎに，「生徒の心身の発達の段階や特性」の考慮について。小・中・高等
学校のそれぞれの段階において，児童生徒の心身の発達の一般的な特性ととも
に，個々の児童生徒の性格，興味・関心，能力・適性などを適確に把握し，あ
わせて個々の家庭の状況や地域社会の自然的・文化的環境などにも配慮して教
育課程を編成することが重要である。とくに近年では，特別の配慮や支援を必
要としている児童生徒が通常クラスにおいても一定の割合で存在していること
が指摘されており，特別支援教育の充実は「令和の日本型学校教育」の構築に
向けての主要な検討課題の1つとなっている。教材の選択や授業方法だけでな

く，日頃の学級集団づくりから教室の設営（たとえば，掲示物）に至るまで，配慮すべきことが多々あることが精神医学や臨床心理学の知見によってもたらされていることを教師は認識しなければならない。

　最後に，「学校や地域の実態」への考慮の必要性である。学校と家庭，地域社会の連携については本書の第12章で論じるが，ここでは，改正教育基本法が第13条で「学校，家庭及び地域住民その他の関係者は，教育におけるそれぞれの役割と責任を自覚するとともに，相互の連携及び協力に努めるものとする」と規定していることを確認しておこう。学校は新たな教育課題への対応や新しい教育内容の提起に応えるべく地域の人的・物的教育力を活用するとともに，その前提として学校の情報公開が進められてきた（「開かれた学校」）。近年は，保護者や地域人材の参画による学校運営の充実（公立学校のコミュニティ・スクール化＝「社会とともにある学校」）が提起されるとともに，新学習指導要領では「社会に開かれた教育課程」の理念のもと，学校には「社会や世界の状況を幅広く視野に入れ，よりよい学校教育を通じてよりよい社会を創るという目標を持ち，教育課程を介してその目標を社会と共有していくこと」が求められている。地域社会の課題解決に大きく貢献した学校の実践例が注目を集めていることも知っておきたい。

2．学校における道徳教育と体育・健康に関する指導

　道徳教育についての総則の記述は，それぞれの学習指導要領で若干の文言の違いはあるが，以下の3点は共通である。

　①学校における道徳教育は，小中学校では道徳科の時間を要としながらも，学校の教育活動全体を通じて行うものであり，各教科，総合的な学習の時間（高等学校では総合的な探究の時間）および特別活動（小学校では外国語活動の時間も）のそれぞれの特質に応じて，生徒の発達の段階を考慮して，適切な指導を行わなければならないとされた。高等学校では，「人間としての在り方生き方の関する教育」を学校の教育活動全体を通

じて行うことにより，道徳教育の充実を図るものとされている。

②道徳教育は，教育基本法および学校教育法に定められた教育の根本精神に基づき，人間としての生き方を考え，主体的な判断の下に行動し，自立した人間として他者とともによりよく生きるための基盤となる道徳性を養うことを目標とすること。高等学校では「生徒が自己探求と自己実現に努め国家・社会の一員としての自覚に基づき行為しうる発達の段階にあることを考慮し」の文言が追加され，また「人間としての生き方」が「在り方生き方を考え」となっている。

③道徳教育を進めるにあたっての留意事項として，「人間尊重の精神と生命に対する畏敬の念を家庭，学校，その他社会における具体的な生活の中に生かし，豊かな心をもち，伝統と文化を尊重し，それらを育んできた我が国と郷土を愛し，個性豊かな文化の創造を図るとともに，平和で民主的な国家及び社会の形成者として，公共の精神を尊び，社会及び国家の発展に努め，他国を尊重し，国際社会の平和と発展や環境の保全に貢献し未来を拓く主体性のある日本人の育成に資することとなるよう特に留意すること」とされた。

このように，道徳教育を学校教育全体を通じて行うとされたこと，またこのことを学習指導要領の「第1章　総則」の部分で記述するのは，小・中学校で「道徳」の時間が特設された 1958（昭和 33）年学習指導要領以来の伝統である。参考までに，当時の記述を引用しておく。この形式が今日まで続いていることが理解されよう。

　　学校における道徳教育は，本来，学校の教育活動全体を通じて行うことを基本とする。したがって，道徳の時間はもちろん，各教科，特別教育活動および学校行事等学校教育のあらゆる機会に，道徳性を高める指導が行われなければならない。

　　道徳教育の目標は，教育基本法および学校教育法に定められた教育の根本精神に基く。すなわち，人間尊重の精神を一貫して失わず，この精神を，家庭，学校，その他各自がその一員であるそれぞれの社会の具体的な生活

の中に生かし，個性豊かな文化の創造と民主的な国家および社会の発展に努め，進んで平和的な国際社会に貢献できる日本人を育成することを目標とする。

　道徳の時間においては，各教科，特別教育活動および学校行事等における道徳教育と密接な関連を保ちながら，これを補充し，深化し，統合し，またはこれとの交流を図り，児童の望ましい道徳的習慣，心情，判断力を養い，社会における個人のあり方についての自覚を主体的に深め，道徳的実践力の向上を図るように指導するものとする。

　つぎに，体育・健康に関する指導について，中学校学習指導要領から引用する。

　学校における体育・健康に関する指導を，生徒の発達の段階を考慮して，学校の教育活動全体を通じて適切に行うことにより，健康で安全な生活と豊かなスポーツライフの実現を目指した教育の充実に努めること。特に，学校における食育の推進並びに体力の向上に関する指導，安全に関する指導及び心身の健康の保持増進に関する指導については，保健体育科，技術・家庭科及び特別活動の時間はもとより，各教科，道徳科及び総合的な学習の時間などにおいてもそれぞれの特質に応じて適切に行うよう努めること。また，それらの指導を通して，家庭や地域社会との連携を図りながら，日常生活において適切な体育・健康に関する活動の実践を促し，生涯を通じて健康・安全で活力ある生活を送るための基礎が培われるよう配慮すること。

　教科名などに若干の違いはあるが，小・中・高等学校とも大筋は同一である。道徳教育と同様，体育・健康に関する指導も学校の教育活動全体を通じて行うものとしている。前回指導要領で「食育の推進」「安全に関する指導」が追加され，食育にかかわっては「技術・家庭科」も追加されたが，今回は「健康で安全な生活と豊かなスポーツライフの実現を目指した教育の充実に努めること」の文言が追加された。なお，1968（昭和 43）年学習指導要領（中学校は 1969 年）から 1989（平成元）年学習指導要領までは，この部分は「体育に関する指導」

であった。

3．教育内容選択の視点

　本章のはじめで，教育課程とは「学校教育の目的や目標を達成するために，教育の内容を生徒の心身の発達に応じ，授業時数との関連において総合的に組織した各学校の教育計画である」と紹介した。教育課程の編成は教育内容の組織によって具体化されるわけだが，それでは学校の教育内容はどのようにして選ばれるのか。

　先に述べたように，学校の教育課程は「教育基本法及び学校教育法その他の法令」に規定された目的・目標並びに学習指導要領に規定される各教科等の目標に従って演繹的に具体的な教育内容が選択されることになるが，その内容は「人類が生み出し，積み上げてきた文化的遺産，文化や科学，学問や芸術」（長尾彰夫『新カリキュラム論』有斐閣）であるといってよい。文化や学問には固有の論理や体系があり，それは教育内容選択における学問性・体系性の原理ともいうべきものだが，同時にそれは，新たな社会的問題や課題の出現によって若い世代に対して新たな文化の担い手となることを要求するという意味で社会的要請（必要）ということもできる。

　いっぽう，そうした文化や学問の獲得即ち学習は子どもの発達段階に即してなされることで子どもの興味関心を喚起し，主体的・能動的な学習が可能となる。これは教育内容選択における活動性・経験性の原理と呼ぶべきものであり，心理学的要請（必要）ということもできる。

　最初の学習指導要領である 1947（昭和 22）年学習指導要領（試案）では，教育計画（当時は「教科課程」といった）を考えるにあたって，①国家や地域社会の特性・要求（＝教育の一般目標），および②児童の生活の実情（経験主義のもとでは，これが教材とされた）を知り，これらをふまえて③指導方法，および④指導結果の考査の研究を進めることが必要であるとしていた。本章ではこれにかかわって，教育内容選択の視点として，①を社会的要請（必要），②を児童

生徒の心理学的要請（必要）と呼んできたのである。

　こうした教育内容選択の2つの原理に対応する形で，教育課程（カリキュラム）は教科カリキュラムと経験カリキュラムに大別され，前者には学問中心カリキュラム・相関カリキュラム・融合カリキュラムなどが，後者にはコア・カリキュラムや（狭義の）経験カリキュラムが位置づけられてきた。

4．教育内容配列の視点—学習の順次性

　カリキュラムの編成にあたり，スコープ（scope）とシーケンス（sequence）という視点がある。スコープはどのような領域や範囲から教育内容を選択・構成するかという視点であり，シーケンスは教育内容の系列や系統，順次性を示すものである。

　ここでは，後者にかかわって藤岡信勝が述べた例を紹介しよう。子どもたちにパンづくりをさせる学習とパン工場を見学する学習を組織する場合，どちらを先にするべきかという問題である。藤岡曰く正解は，パンづくりが先である。パンづくりの一連の過程を直接経験することで，「こねる」「ちぎる」「まるめる」などはどういうことかを子どもたちは身を以て，体を使って知る。この経験によって，パン工場に行った際に工場の機械が行う工程を分節的に理解することができる。特定の機械が行っている作業と，自身の経験が結びつくのである（『社会認識教育論』日本書籍）。

　藤岡は以上のことを，J.デューイによる「外部情報（information）」と「想念（idea）」の区別を使って説明している。デューイによれば，外部情報とは「誰か他人の経験の中にあったもの」を主に言葉の形で他者や書物から受け取ったものである。これに対して，「想念」は「子どもの経験の『中から』自然に湧き出してくる疑問，予感，推論などのことである」。そしてデューイによれば，学習とは両者の融合のことなのである。経験主義の教育原理においていわれる"学習はまず子どもにとって身近な直接経験から始められなければならない"とはこのような意味である（のちにデューイは，『民主主義と教育』において「教

育とは，経験の意味を増加させ，その後の経験の進路を方向づける能力を高めるように経験を改造ないし再組織することである」と定義した）。

　こうした「学習の順次性」については，一般に「具体から抽象へ」「特殊から一般へ」とのスローガンで表現されることが多い。とくに社会科教育では，「同心円拡大方式」として教育内容配列の原理となったが，これは他教科においても，文章の，あるいはより広く記号の解釈一般について当てはまる原理であることを確認しておきたい。

5．学習指導要領の枠組みの改善と教育課程編成の手順

　本章ではここまで，教育課程の編成について主に教育内容の観点から説明をしてきたが，「社会に開かれた教育課程」の実現をめざす新しい学習指導要領は，これまでの学習指導要領が「全体としてはなお，各教科等において『教員が何を教えるか』という観点を中心に組み立てられており，そのことが，教科等の縦割りを越えた指導改善の工夫や，指導の目的を『何を知っているか』にとどまらず『何ができるようになるか』にまで発展させることを妨げているのではないか」と指摘されたことの反省に立って，「まず学習する子供の視点に立ち，教育課程全体や各教科等の学びを通じて『何ができるようになるのか』という観点から，育成を目指す資質・能力を整理する必要がある。その上で，整理された資質・能力を育成するために『何を学ぶか』という，必要な指導内容等を検討し，その内容を『どのように学ぶか』という，子供たちの具体的な学びの姿を考えながら構成していく必要がある」として，その枠組みを以下のように改めることとした（第6章）。

　　①「何ができるようになるか」（育成を目指す資質・能力）
　　②「何を学ぶか」（教科等を学ぶ意義と，教科等間・学校段階間のつながりを
　　　　踏まえた教育課程の編成）
　　③「どのように学ぶか」（各教科等の指導計画の作成と実施，学習・指導の改
　　　　善・充実）

④「子供一人一人の発達をどのように支援するか」（子供の発達を踏まえた指導）

⑤「何が身に付いたか」（学習評価の充実）

⑥「実施するために何が必要か」（学習指導要領等の理念を実現するために必要な方策）

　あわせて各学校には，教育課程を編成するだけでなく，それを実施・評価し改善していくという「カリキュラム・マネジメント」の実現が求められることになった（第13〜15章）。

　中教審答申では，こうした学習指導要領の枠組みや総則の位置づけの抜本的な見直しを受けて「資質・能力の在り方や『アクティブ・ラーニング』の視点も含め，必要な事項が各学校における教育課程編成の手順を追って分かりやすくなるように整理することが求められる」としていたが，以下に，「2017年学習指導要領解説　総則編」に掲載された「教育課程編成や改善に取り組む際の手順の一例」を示しておく。

■教育課程編成や改善に取り組む際の手順の一例：中学校

（手順の一例）
(1)　**教育課程の編成に対する学校の基本方針を明確にする。**
　基本方針を明確にするということは，教育課程の編成に対する学校の姿勢や作業計画の大綱を明らかにするとともに，それらについて全教職員が共通理解をもつことである。
　ア　学校として教育課程の意義，教育課程の編成の原則などの編成に対する基本的な考え方を明確にし，全教職員が共通理解をもつ。
　イ　編成のための作業内容や作業手順の大綱を決め，作業計画の全体について全教職員が共通理解をもつ。
(2)　**教育課程の編成・実施のための組織と日程を決める。**
　教育課程の編成・実施は，校長のリーダーシップの下，組織的かつ計画的に取り組む必要がある。教育課程の編成・実施を担当する組織を確立するとともに，それを学校の組織全体の中に明確に位置付ける。
　また，編成・実施の作業日程を明確にするとともに，学校が行う他の諸活動との調和を図る。その際，既存の組織や各種会議の在り方を見直し必要に応じ精選を図るなど業務改善の視点をもつことも重要である。
　ア　編成・実施のための組織を決める。
　㋐　編成・実施に当たる組織及び各種会議の役割や相互関係について基本的な考え方

を明確にする。

　　(イ)　編成・実施に当たる組織及び各種会議を学校の組織全体の中に位置付け，組織内
　　　の役割や分担を具体的に決める。
　イ　編成・実施のための作業日程を決める。分担作業やその調整を含めて，各作業ごと
　　の具体的な日程を決める。
(3)　**教育課程の編成のための事前の研究や調査をする。**
　事前の研究や調査によって，教育課程についての国や教育委員会の基準の趣旨を理解す
るとともに，教育課程の編成に関わる学校の実態や諸条件を把握する。
　ア　教育課程についての国の基準や教育委員会の規則などを研究し理解する。
　イ　生徒の心身の発達の段階や特性，学校及び地域の実態を把握する。その際，保護者
　　や地域住民の意向，生徒の状況等を把握することに留意する。
(4)　**学校の教育目標など教育課程の編成の基本となる事項を定める。**
　学校の教育目標など教育課程の編成の基本となる事項は，学校教育の目的や目標及び教
育課程の基準に基づきながら，しかも各学校が当面する教育課題の解決を目指し，両者を
統一的に把握して設定する。
　ア　事前の研究や調査の結果を検討し，学校教育の目的や目標に照らして，それぞれの
　　学校や生徒が直面している教育課題を明確にする。
　イ　学校教育の目的や目標を調和的に達成するため，各学校の教育課題に応じて，学校
　　の教育目標など教育課程の編成の基本となる事項を設定する。
　ウ　編成に当たって，特に留意すべき点を明確にする。
(5)　**教育課程を編成する。**
　教育課程は学校の教育目標の実現を目指して，指導内容を選択し，組織し，それに必要
な授業時数を定めて編成する。
　ア　指導内容を選択する。
　　(ア)　指導内容について，その基礎的・基本的な知識及び技能を明確にする。
　　(イ)　学校の教育目標の有効な達成を図るため，重点を置くべき指導内容を明確にする。
　　(ウ)　各教科等の指導において，基礎的・基本的な知識及び技能の確実な習得と思考力，
　　　判断力，表現力等の育成を図るとともに，主体的に学習に取り組む態度を養う指導
　　　の充実や個に応じた指導を推進するよう配慮する。
　　(エ)　学校の教育活動全体を通じて行う道徳教育及び体育・健康に関する指導について，
　　　適切な指導がなされるよう配慮する。
　　(オ)　学習の基盤となる資質・能力や現代的な諸課題に対応して求められる資質・能力
　　　など，学校として，教科等横断的な視点で育成を目指す資質・能力を明確にし，そ
　　　の育成に向けた適切な指導がなされるよう配慮する。
　　(カ)　生徒や学校，地域の実態に応じて学校が創意を生かして行う総合的な学習の時間
　　　を適切に展開できるよう配慮する。
　　(キ)　各教科等の指導内容に取り上げた事項について，主体的・対話的で深い学びの実
　　　現に向けた授業改善を通して資質・能力を育む効果的な指導ができるよう，単元や
　　　題材など内容や時間のまとまりを見通しながら，そのまとめ方や重点の置き方を検
　　　討する。

イ　指導内容を組織する。
　　㋐　各教科，道徳科，総合的な学習の時間及び特別活動について，各教科等間の指導
　　　　内容相互の関連を図る。
　　㋑　各教科等の指導内容相互の関連を明確にする。
　　㋒　発展的，系統的な指導ができるように指導内容を配列し組織する。
ウ　授業時数を配当する。
　　㋐　指導内容との関連において，各教科，道徳科，総合的な学習の時間及び特別活動
　　　　の年間授業時数を定める。
　　㋑　各教科等や学習活動の特質に応じて，創意工夫を生かし，1年間の中で，学期，
　　　　月，週ごとの各教科等の授業時数を定める。
　　㋒　各教科等の授業の1単位時間を，生徒の発達の段階及び各教科等や学習活動の特
　　　　質を考慮して適切に定める。
(6)　教育課程を評価し改善する。
実施中の教育課程を検討し評価して，その改善点を明確にして改善を図る。
ア　評価の資料を収集し，検討する。
イ　整理した問題点を検討し，原因と背景を明らかにする。
ウ　改善案をつくり，実施する

第8章

学校におけるカリキュラム開発の実際

　学校の授業がどのように行われているのか，思い返してみよう。たとえば教科学習を考えてみる。教科の授業では教科書をはじめ，さまざまな教材を使いながら進められていただろう。1つ1つの授業を積み重ねながら，私たちは教科の学びを深めていく。このとき，学校の教員は単発的に授業を構想しているのではない。教科の目標を達成するために，一定の見通しをもって年間や各単元の指導計画を立てている。そのうえで，最適な教材を選択し，その指導法を検討し，授業を実施している。さらに，子どもの反応，自身の手ごたえ，さらには確認テストなどをもとにしながら，改善を行っていく。このような営みを筆者はカリキュラム開発と考える。

　本章では教育課程ではなく，カリキュラムという用語を用いる。両語の差異は本書第1章や他書を参照してほしいが，カリキュラムという語を使用する理由の1つは，学校教員が教育課程という用語を使用する場合，学習指導要領に配当された授業時数（小学校／中学校）や単位数（高等学校）をさす場合が散見されるからである。本章では授業時数や単位数を扱うのではなく，子どもや地域の実態をふまえた教育内容をいかにつくるかを扱う。このためには，カリキュラムという語の使用が欠かせない。

　なお，本章で登場する学習指導要領の改訂年は小学校のものであり，他校種では異なる場合はあるので注意してほしい。

1. 学校をとりまく環境としての地域

　前章までに、わが国には「学習指導要領」が存在し、それが各学校における教育課程編成の基準、大学入試センター試験（2021年より大学入学共通テスト）の出題範囲の基準、各学校の入学試験や全国学力学習状況調査の出題範囲の基準、教科書検定や教科書採択の基準であることなどを学んできたと思う。また検定教科書を主たる教材として使用する義務があることも学んできただろう。

　このように考えるとわが国の教育課程行政はきめ細かく定められていて、各学校や各教員の裁量が認められておらず、窮屈に感じられるかもしれない。果たしてそうであろうか。この点を改めて考えてみる必要があるだろう。

ある架空の自治体Pを考えてみる

　P市はもともと平野部に存在する近郊型の都市であった。それが近年、北部丘陵地帯の自治体と南部沿岸部の自治体との合併により、広大な市域が形成された。沿岸部の西側には工業地帯が広がっているが、東部では漁業が盛んである。市内を横断して東西の自治体と接続している鉄道路線があり、その路線の南側が旧P市の市街地であり、人口密度の高い地区となっている。鉄道路線の北側から丘陵地帯にかけては近郊型の農業が営まれており、のどかな風景を残す一方で、旧市街地の狭隘（きょうあい）を解決するために、その一部は宅地開発されて、ニュータウンが形成されている。

　上記のようなP市の学校にあなたが教員として着任したとしよう。教員は数年おきに各学校を異動していく。そのとき、P市内の各学校、その学校をとりまく地域がすべて同一ととらえることはできないだろう。というのも、地域の特色というものは、その地域の背景によって大きく異なるからだ。だからP市の場合、沿岸部、旧市街地、北部丘陵地帯とでは地域の様子が異なることが容易にうかがえる。筆者が学校現場の教員から聞いた話では、同じエリア（たとえばP市旧市街地を想定）でも、川を越えたら、道路を一本超えたら、ガラリと様子が変わるという。このように地域ごと、いや学校ごとにまったく異なる状況で、教員はカリキュラムを開発し、授業をつくる必要がある。実際、筆

者の所属する大学院で学んだとある中学校社会科教員の話では，異動のたびに，その地域のことを図書館や資料館など徹底的に研究し，歴史の授業を構想していたという。ともすると，中央や主流の内容を扱いがちになる歴史学習では，その学習内容が学習者とは無関係のものになってしまうことを危惧していたからであり，こうしたことを防ぐためにも，その地域のことを教員が教材化し，歴史における当事者性を担保することが欠かせないと述べていた。

２．学校に基礎をおくカリキュラム開発

1974 年 3 月に東京で，OECD の教育研究革新センター（CERI）と文部省（当時）との共催による「カリキュラム開発に関する国際セミナー」が開催された。このセミナーにおいて，学校に基礎をおくカリキュラム開発（School-based curriculum development：以下，SBCD）が紹介され，国内外の研究者の間で議論された。

SBCD は英国で提唱されたものだが，その背景には 1960 年代のカリキュラム改革の影響がある。1960 年代は米ソ（当時）の冷戦下において「教育内容の現代化」による教育改革が進行していた。理数系を中心に最先端の学問的知識を学校で教えることが求められ，大学等の研究機関で多くのカリキュラムが開発された。ところが研究機関は学校ではないから，学校の実態に即したものになっておらず，結果としてこのカリキュラム改革は失敗に終わった。こうした反省がSBCD へとつながったのである。

この国際セミナーで，カリキュラム開発は「教授目標の再検討に始まり，教材，教授，学習の手続き，評価方法などの計画や構成を含むものである。それは一度つくり上げればそれでしばらくはおしまいといったようなものではなく，絶えず検証され，評価され，修正されてゆく継続的なプロセスである。その意味では，カリキュラム開発は確かに一面では教師をはじめ，子ども，両親，コミュニティの人々を含む大事業ではあるが，われわれ日本人がとかく考えやすいカリキュラム改訂＝国家的事業といったものではなく―こうした面ももちろ

んあるが―，むしろ教師の日々の創意や工夫の積み上げといった意味合いの強いものなのである」（下線は引用者）とされた（文部省，1975，p. 9）。

このカリキュラム観において重要なことは，教員（たち）が自分たちの学校の児童生徒の様子や地域社会の様子，さらには社会状況をふまえながら，カリキュラムを開発することである。くわえて，開発したら終わりにするのではなく，日々の教育活動を通して検証して，改善していくプロセスを積み重ねるところにある。ここに「学校に基礎をおく」という言葉の重点がある。

こうしたカリキュラム観にくわえて，「SBCDには『学校でカリキュラムを開発する』ために必要な人員配置，教育内容の編成，予算といった諸権限を，カリキュラム開発の場である学校へと積極的に委譲する，という前提がある」（根津，2012，p. 184）とされる。こうした点については，わが国においてはまだまだ検討すべき点が山積しているものの，1990年代以降の教育改革は学校の自主性・自律性を重視する形で進められている。各学校はその地域にとって最適なカリキュラムを開発する必要があり，そして教育委員会にはそれを支援することが求められている。

このセミナーの結果，日本においてもSBCDの動きが広がることになった。1976（昭和51）年に創設された研究開発学校制度（後述），1977（昭和52）年学習指導要領の「学校裁量の時間」，1998（平成10）年学習指導要領の「総合的な学習の時間」などは，権限委譲にその程度の差があるものの，学校に基礎をおくカリキュラム開発の一例とみることができるだろう（根津，2012，p.184-186）。

3．学習指導要領の記述にみるカリキュラム開発の留意点

カリキュラムはある一定の内容（量）やそれを扱う期間（長さ）を有する。そのなかでも特定の一まとまりを「単元」と呼び，カリキュラムは単元で構成される。たとえば算数のカリキュラムにおける「分数」の単元，歴史のカリキュラムにおける「鎌倉時代」の単元などである（これは「教材単元」と呼ばれる考え方であり，これとは異なる考え方，「経験単元」というのもある）。この単元は

1つ1つの「授業」によって構成される。冒頭でも述べたように，教員は単発の「授業」を構想しているのではなく，長期的かつ組織的な見通しを念頭においている。

　ではこのとき，私たちは何に基づいてカリキュラムを開発すればよいのだろうか。前章との繰り返しになると思われるが，本章においても，学習指導要領の第1章総則の冒頭は重要である。たとえば2017（平成29）年小学校学習指導要領では以下のように記される。

　　　各学校においては，教育基本法及び学校教育法その他の法令並びにこの章以下に示すところに従い，児童の人間として調和のとれた育成を目指し，児童の心身の発達の段階や特性及び学校や地域の実態を十分考慮して，適切な教育課程を編成するものとし，これらに掲げる目標を達成するよう教育を行うものとする。

（文部科学省，2017a，p.17）

　先にも指摘したように各学校によって，その教育の必要性は異なってくる。だからこそ子どもや地域の実態に即して適切なカリキュラムを計画しなければならないのである。

　また以下の点についても，学校におけるカリキュラム開発を考えるうえで押さえておく必要がある。それは同学習指導要領の総則中，「3 教育課程の編成における共通的事項」の「(1)　内容等の取扱い」である。

　ア　第2章以下に示す各教科，道徳科，外国語活動及び特別活動の内容に関する事項は，特に示す場合を除き，いずれの学校においても取り扱わなければならない。

　イ　学校において特に必要がある場合には，第2章以下に示していない内容を加えて指導することができる。また，第2章以下に示す内容の取扱いのうち内容の範囲や程度等を示す事項は，全ての児童に対して指導するものとする内容の範囲や程度等を示したものであり，学校において特に必要がある場合には，この事項にかかわらず加えて指導することができる。ただし，これらの場合には，第2章以下に示す各教科，道徳科，

外国語活動及び特別活動の目標や内容の趣旨を逸脱したり，児童の負担
　　過重となったりすることのないようにしなければならない。
　ウ　第2章以下に示す各教科，道徳科，外国語活動及び特別活動の内容に
　　掲げる事項の順序は，特に示す場合を除き，指導の順序を示すものでは
　　ないので，学校においては，その取扱いについて適切な工夫を加えるも
　　のとする。

（文部科学省，2017a，p. 19）

　「ア」は，学習指導要領に記載される事項は，扱ってもよい／扱わなくても
よいというものではなく，必ず扱わなければならないことを示している。つづ
いて「イ」は，「ア」をふまえたうえで，学校の判断で独自の内容を加えるこ
とができることを示している。ただし趣旨から離れたり，学習者に過度の負担
となったりすることがないよう留意しなければならない。そして「ウ」は特別
に示されているものを除き，指導内容の順序については，各学校や教員に任さ
れているということである。同様の記述は他校種の学習指導要領にみられるも
のである。ただし，高等学校では必履修科目に関する記述が別に存在するため，
「ア」に関する言及はない。
　学校でカリキュラムを開発する際には，子どもや地域の実態に応じて，学習
指導要領に示される指導内容をふまえたうえで，適切に内容を加えたり，順序
を入れ替えたりするという創意工夫が検討される必要があるだろう。その創意
工夫は，さまざまに考えられるが，教科書をそのまま教えるのではなく，その
内容を吟味して単元の配列（順番）を入れ替えたり，内容を再構成したり，同
様のねらいを達成できる別の内容に変更したり，地域の教材を加えたりするこ
となどがあるだろう。たとえば，歴史学習は必ず過去から現代に向かう必要が
あるわけではない。現代から過去にさかのぼってもよいわけである。むしろ現
代から教えたほうが現代を意識して過去のことが学べるかもしれない。
　こうしたことを実際に行うためには，教科書内容の扱い方を研究するだけで
は不十分である。学習指導要領とその総則の解説，そして自教科および関連教
科の解説に目を通したり，自校で採択した教科書以外の検定教科書を検討した

りすることが求められる（事実，とある小学校教員から学習指導要領とその解説は
何度も何度も熟読し，手垢で黒くなったと，かつて聞いたことがある）。さらには
他学級，他教科，他学年の教員の意見を聞いたり，実践を検討したりすること
があってもよい。

　以下，「2017 年小学校学習指導要領　総則」の解説では，カリキュラム・マ
ネジメントにおけるカリキュラム開発の手順について以下の 6 点が示されてい
る（中学校の手順については第 7 章を参照）。

■学校におけるカリキュラム開発の手順の一例：小学校

（手順の一例）
　⑴　**教育課程の編成に対する学校の基本方針を明確にする。**
　基本方針を明確にするということは，教育課程の編成に対する学校
の姿勢や作業計画の大綱を明らかにするとともに，それらについて全教職員が共通理解を
もつことである。
　ア　学校として教育課程の意義，教育課程の編成の原則などの編成に対する基本的な考
　　え方を明確にし，全教職員が共通理解をもつ。
　イ　編成のための作業内容や作業手順の大綱を決め，作業計画の全体について全教職員
　　が共通理解をもつ。
　⑵　**教育課程の編成・実施のための組織と日程を決める。**
　教育課程の編成・実施は，校長のリーダーシップの下，組織的かつ計画的に取り組む必
要がある。教育課程の編成・実施を担当する組織を確立するとともに，それを学校の組織
全体の中に明確に位置付ける。
　また，編成・実施の作業日程を明確にするとともに，学校が行う他の諸活動との調和を
図る。その際，既存の組織や各種会議の在り方を見直し必要に応じ精選を図るなど業務改
善の視点をもつことも重要である。
　ア　編成・実施のための組織を決める。
　　㋐　編成・実施に当たる組織及び各種会議の役割や相互関係について基本的な考え方
　　　を明確にする。
　　㋑　編成・実施に当たる組織及び各種会議を学校の組織全体の中に位置付け，組織内
　　　の役割や分担を具体的に決める。
　イ　編成・実施のための作業日程を決める。
　分担作業やその調整を含めて，各作業ごとの具体的な日程を決める。
　⑶　**教育課程の編成のための事前の研究や調査をする。**
　事前の研究や調査によって，教育課程についての国や教育委員会の基準の趣旨を理解す
るとともに，教育課程の編成に関わる学校の実態や諸条件を把握する。
　ア　教育課程についての国の基準や教育委員会の規則などを研究し理解する。

イ 児童の心身の発達の段階や特性，学校及び地域の実態を把握する。その際，保護者や地域住民の意向，児童の状況等を把握することに留意する。
(4) **学校の教育目標など教育課程の編成の基本となる事項を定める。**
学校の教育目標など教育課程の編成の基本となる事項は，学校教育の目的や目標及び教育課程の基準に基づきながら，しかも各学校が当面する教育課題の解決を目指し，両者を統一的に把握して設定する。
ア 事前の研究や調査の結果を検討し，学校教育の目的や目標に照らして，それぞれの学校や児童が直面している教育課題を明確にする。
イ 学校教育の目的や目標を調和的に達成するため，各学校の教育課題に応じて，学校の教育目標など教育課程の編成の基本となる事項を設定する。
ウ 編成に当たって，特に留意すべき点を明確にする。
(5) **教育課程を編成する。**
教育課程は学校の教育目標の実現を目指して，指導内容を選択し，組織し，それに必要な授業時数を定めて編成する。
ア 指導内容を選択する。
　(ア) 指導内容について，その基礎的・基本的な知識及び技能を明確にする。
　(イ) 学校の教育目標の有効な達成を図るため，重点を置くべき指導内容を明確にする。
　(ウ) 各教科等の指導において，基礎的・基本的な知識及び技能の確実な習得と思考力，判断力，表現力等の育成を図るとともに，主体的に学習に取り組む態度を養う指導の充実や個に応じた指導を推進するよう配慮する。
　(エ) 学校の教育活動全体を通じて行う道徳教育及び体育・健康に関する指導について，適切な指導がなされるよう配慮する。
　(オ) 学習の基盤となる資質・能力や現代的な諸課題に対応して求められる資質・能力など，学校として，教科等横断的な視点で育成を目指す資質・能力を明確にし，その育成に向けた適切な指導がなされるよう配慮する。
　(カ) 児童や学校，地域の実態に応じて学校が創意を生かして行う総合的な学習の時間を適切に展開できるよう配慮する。
　(キ) 各教科等の指導内容に取り上げた事項について，主体的・対話的で深い学びの実現に向けた授業改善を通して資質・能力を育む効果的な指導ができるよう，単元や題材など内容や時間のまとまりを見通しながら，そのまとめ方や重点の置き方を検討する。
イ 指導内容を組織する。
　(ア) 各教科，道徳科，外国語活動，総合的な学習の時間及び特別活動について，各教科等間の指導内容相互の関連を図る。
　(イ) 各教科等の指導内容相互の関連を明確にする。
　(ウ) 発展的，系統的な指導ができるように指導内容を配列し組織する。特に，内容を２学年まとめて示した教科については，２学年間を見通した適切な指導計画を作成する。
　(エ) 各学年において，合科的・関連的な指導について配慮する。
ウ 授業時数を配当する。

㊀　指導内容との関連において，各教科，道徳科，外国語活動，総合的な学習の時間
　　　　及び特別活動の年間授業時数を定める。
　　㊁　各教科等や学習活動の特質に応じて，創意工夫を生かし，１年間の中で，学期，
　　　　月，週ごとの各教科等の授業時数を定める。
　　㊂　各教科等の授業の１単位時間を，児童の発達の段階及び各教科等や学習活動の特
　　　　質を考慮して適切に定める。
　⑹　**教育課程を評価し改善する。**
　　実施中の教育課程を検討し評価して，その改善点を明確にして改善を図る。
　ア　評価の資料を収集し，検討する。
　イ　整理した問題点を検討し，原因と背景を明らかにする。
　ウ　改善案をつくり，実施する。

出所：文部科学省，2017b，pp. 43-45

　　カリキュラムを開発するためには，筆者は上記手順の⑶と⑹をベースに，⑴
⑵⑷⑸の手順を踏むことが重要であると考える。「内容ありき」からのカリ
キュラム開発は，「子どもの実態」「地域の様子」「これまでの活動の結果」との間に乖離を生み出し，子どもたちが自分の学んでいる内容についての意味を
「見出せなくしてしまう」（「見出せない」ではない点に注意）可能性がある（この
点は第15章も参照のこと）。

4．学校におけるカリキュラム開発の事例

　　筆者がかかわったとある自治体における小学校での事例をもとに学校における
るカリキュラムを考える。この学校では，ESD（Education for Sustainable De-
velopment：持続可能な開発のための教育）の観点から教科等を横断したカリキ
ュラム開発を行っている。ESD は現代社会の諸課題を遠いところの問題では
なく自分自身の問題として考え，その解決のための考え方を身につけたり，行
動できたりするようにして，持続可能な社会をつくることをねらいとする教育
活動である。この観点は 2017（平成29）年学習指導要領の前文においても，「持
続可能な社会の創り手となることができるようにすることが求められる」（文
部科学省，2017a，p. 15）と記されている。

この学校で実際に行われた研究授業の一例を記す。小学校4年生において，地域理解と愛着をねらいとして，地域の情報を集め，伝統文化をリーフレットに表現するなどの活動を国語科，社会科，総合的な学習の時間による教科等横断の単元として開発した。この単元自体は23コマ（45分の授業を23回）で構成される。この際，国語と社会と総合的な学習の時間を同時並行に実施したのではなく，以下のような順序に教科等の内容を再構成して実施された。

授業回	第1〜6回	第7〜9回	第10〜18回	第19〜23回
実施教科	国語	社会	国語	総合的な学習の時間

　このような単元構成で授業を行っていくにあたっては，少なくとも国語と社会，そして総合的な学習の時間におけるほかの学習内容の指導時期との調整が必要になってくる。だから簡単に行いうるものではなく，綿密な年間指導計画のもとでの構想が求められるだろう。だからこそ学習指導要領に関する理解，教科内容に関する理解，教科書内容に関する理解（自校で採択した教科書／それ以外の教科書）をしておく必要がある。そもそもの前提として，子どもたちにどのような力を育成したいのか，何を教えたいのかなど，ねらいの明確化が図られなければ，そもそもどの教科や教科外を横断させるのかということもままならないだろう。

　またこの単元を構想した教員の創意工夫は，これだけにとどまらない。地域の伝統文化を生かした教材として，伝統食器を購入し，それを子どもに例示したそうである。また県の発行している伝統文化に関するパンフレットを取り寄せ，小学校4年生が理解しやすいような文章表現等にパンフレットを改良して，授業中に児童に提示したという。

5．研究開発学校制度

　学習指導要領は教育課程編成の基準であること，学習指導要領には法的拘束力があって，そこで定められている事項は必ずやらなければならないことを，

学んできた。しかしながら日本にはその学習指導要領を守らなくてもよい学校
がある。その1つが先にSBCDの一例としてあげた研究開発学校制度（以下，
研究開発学校）である。文部科学省によれば，次のように示される（下線は引用
者）。

　　この制度は，学校における教育実践の中から提起されてくる教育上の課
　題や急激な社会の変化・発展に伴って生じた学校教育に対する多様な要請
　に対応するため，研究開発を行おうとする学校を「研究開発学校」として
　指定し，その学校には，学習指導要領等の現行の教育課程の基準によらな
　い教育課程の編成・実施を認め，その実践研究を通して新しい教育課程・
　指導方法を開発していこうとするものです。

　　国や教育委員会においては，従来から，教育課程研究指定校を設けるな
　どして教育課程の改善のための研究を進めてきており，その成果は，学習
　指導要領の改訂等に際しても十分生かされてきています。一方，教育課程
　の基準の改善に当たっては，改善しようとする事項がその趣旨ねらいに即
　して実際に各学校で実施できるかどうかなどを十分見定めることが必要で
　あり，そのためには現行の基準によらない試みをあらかじめ実践し，その
　成果を検証しておく必要があります。

　　このような考えに立って，文部科学省では，学校教育法施行規則第55
　条等に基づき，研究開発学校制度を設けています。

（文部科学省「研究開発学校制度」ウェブサイト）

ここから研究開発学校とは，学習指導要領を守らなくてもよいことが法規で
認められており，新しいカリキュラムや指導方法を開発して実践し，その成果
を検証するものであり，その成果が学習指導要領の改訂に活かされるというも
のである。事実，研究開発学校の成果は，「生活科」「総合的な学習の時間」「課
題研究」「情報」「福祉」「外国語活動」といった教科や教科外活動の新設に結
びついている。また単位制高校や中高一貫校などの新しいタイプの学校の制度
化の際にも，研究開発学校で得られた実証的資料が用いられた（同上）。

　研究開発課題の設定については，先進的な内容が期待される一方で，その留

意点として学習指導要領改訂の趣旨に即したものであり，他校でも実施できる汎用性が期待されている。2020年11月時点での研究開発の募集課題として次の4つが示されている。すなわち「主として特定分野に特異な才能を持つ児童生徒に対する指導に関する研究開発」「主として学校段階間の連携による一体的な教育課程に関する研究開発」「主として不登校児童生徒の特性に応じた教育課程の在り方に関する研究開発」「主として特別支援教育の教育課程に関する研究開発」の4つである（同上）。

　研究開発学校が学習指導要領改訂のために実証的資料を提供する学校なので，一般の学校とは異なるカリキュラムによって教育活動が実施されることになるけれども，各学校種の目標を達成できることが必要とされている。このため適正な学校教育の確保が求められており，①過度に受験準備に偏った教育をめざすような内容は研究指定されないこと，②政治的・宗教的活動については教育基本法などの法規の規定に十分に配慮して審査されること，③学校教育として適切な教育方法であること，④児童生徒に対して教育上の適切な配慮（転校時の配慮など）が必要なことの4つが示されている（同上）。

　文部科学省の当該制度のウェブサイトでは，現在取り組まれている研究課題や研究指定を受けている学校が公表されている。どのような研究がどのような学校で指定されているか，確認するとよいだろう。また研究開発学校に類する制度として，地域の実態などに応じた教育活動を可能にすることを目的とした「教育課程特例校制度」，高等学校において先進的な理数教育を実施して国際的な科学技術人材を育成することを目的とした「スーパーサイエンスハイスクール（Super Science High School：SSH）」をはじめいくつか存在する。あわせて学習を進め，学校におけるカリキュラム開発について，理解を深めてほしい。

引用・参考文献
・田中統治（2006）「カリキュラム開発」篠原清昭編著『スクールマネジメント』ミネルヴァ書房，pp.138-154
・根津朋実（2012）「カリキュラム開発」篠原清昭編著『学校改善マネジメント』ミネルヴァ書房，pp.180-195

・文部省（1975）『カリキュラム開発の課題』大蔵省印刷局
・文部科学省（2017a）「小学校学習指導要領」
・文部科学省（2017b）「小学校学習指導要領解説　総則編」
・文部科学省「研究開発学校制度」w.mext.go.jp/a_menu/shotou/kenkyu/
　htm/01_doc/index.htm（2020 年 11 月 14 日最終閲覧）

第9章

小学校と幼稚園の教育課程の構成

1．小学校の教育課程の現在と過去

　小学校の目的は，「心身の発達に応じて，義務教育として行われる普通教育のうち基礎的なものを施すこと」である（学校教育法第29条）。「普通教育」とは，特定の領域や分野に偏ることなく調和的に発達した人間の育成をめざす一般教育と，すべての国民に共通の教育を施すという共通教育の2つの意味が含まれており，現在の日本では初等教育（小学校）と中等教育（中学校・高等学校）からなる。小学校は，初等教育段階として「普通教育」の基礎を担うことになる。

　小学校の教育目的を達成するため，小学校の教育課程は「国語，社会，算数，理科，生活，音楽，図画工作，家庭，体育及び外国語の各教科，特別の教科である道徳，外国語活動，総合的な学習の時間並びに特別活動」によって編成するとされている（学校教育法施行規則第50条）。私立小学校の教育課程を編成する場合は，宗教を特別の教科である道徳（道徳科）に代えることができる（同上）。

　小学校の教育課程の基準である小学校学習指導要領が，2017（平成29）年3月に改訂され，各教科に外国語が新設された。また，2015（平成27）年，小中学校等の学習指導要領の一部改正により教科化された道徳科は，2018（平成30）年から小学校で全面実施されており（中学校は2019年度から全面実施），2017年学習指導要領においても，特別の教科である道徳として位置づけられている。特別活動は，学級活動，児童会活動，クラブ活動及び学校行事（儀式的行事，文化的行事，健康安全・体育的行事，遠足・集団宿泊的行事，勤労生産・奉仕的行事）によって構成されている。これにより，小学校の教育課程は，4

表9.1　小学校学習指導要領の変遷

改訂年	教育課程の領域等	特　徴
1947 （昭和22）	各教科	・学習指導要領一般篇（試案）として刊行 ・社会科，家庭科，自由研究の新設
1951 （昭和26）	各教科，教科以外の活動	・学習指導要領一般篇（試案） ・自由研究を発展的に解消し，教科以外の活動（児童会・学級活動・クラブ・奉仕など）を新設
1958 （昭和33）	各教科，道徳，特別教育活動，学校行事等	・学習指導要領の法的拘束化（告示） ・道徳の時間の特設（同年7月，道徳になる） ・特別教育活動（児童会，学級会活動，クラブ活動） ・学校行事等（儀式，学芸会，学校給食の指導など）
1968 （昭和43）	各教科，道徳，特別活動	・特別教育活動と学校行事等を統合し，特別活動を新設
1977 （昭和52）	各教科，道徳，特別活動	・ゆとりと充実の学校生活を重視（学習内容の精選，授業時数の削減，ゆとりの時間の新設など）
1989 （平成元）	各教科，道徳，特別活動	・低学年の社会科と理科を廃止し，生活科を新設
1998 （平成10）	各教科，道徳，特別活動，総合的な学習の時間	・総合的な学習の時間の創設（3～6学年） ・教育内容の厳選（3割削減） ・授業時数の大幅削減（完全学校週5日制）
2003 （平成15）		一部改訂：発展的な学習の明確化
2008 （平成20）	各教科，道徳，外国語活動，総合的な学習の時間，特別活動	・外国語活動の新設（高学年） ・授業時数の増加 ・道徳の重視
2017 （平成29）	各教科，特別の教科道徳，外国語活動，総合的な学習の時間，特別活動	・各教科に外国語を新設（高学年）し，外国語活動を中学年に移行 ・道徳の教科化

出所：学習指導要領をもとに筆者が作成

領域（各教科，特別の教科道徳，外国語活動，特別活動）と1時間（総合的な学習の時間）によって編成することとなり，2020（令和2）年度から完全実施された。

　現在のような教育課程の編成に至るまで，学習指導要領の変遷に即してまとめたものが表9.1である。戦後の小学校の教育課程は，学習指導要領の改訂とともに変化している。最初に学習指導要領が刊行された1947（昭和22）年，民主的な教育の象徴として，社会科・家庭科・自由研究が新設された。自由研究は，教科以外の活動，特別教育活動，特別活動へ名称・内容を変更しながら今日に至っている。教科では，1989（平成元）年，低学年の理科・社会科が廃止され，生活科が新設された。教科外では，1958（昭和33）年に道徳の時間が特設され，1998（平成10）年に総合的な学習の時間，2008（平成20）年に外国語活動が新設された。

2．小学校の教育課程の内容と特徴

(1)　教育課程の基準となる2017年学習指導要領の特徴

　2017年学習指導要領は，人口知能（AI）などのテクノロジーが飛躍的に進展し，予測困難な社会と子どもたちの未来を見据え，新しい時代に求められる資質・能力を明確にし，子どもたちが「主体的・対話的で深い学び」を通して，「何ができるようになるか」をめざした構成となっている。「知・徳・体にわたる『生きる力』を育む」ため，「何のために学ぶのか」という学習の意義を共有しながら，授業の創意工夫や教科書等の教材を引き出していけるように，すべての教科等の目標や内容を「知識及び技能」「思考力，判断力，表現力等」「学びに向かう力，人間性等」の3つの柱によって再整理したのである。

　学習の基盤となる資質・能力（言語能力，情報活用能力，問題発見・解決能力など）や現代的諸課題に対応して求められる資質・能力の育成のために，教科等横断的な学習の充実も求められることになった。また，「主体的・対話的で深い学び」の実現に向けて，児童や学校，地域の実態を適切に把握し，教育内容や時間の配分，人的・物的体制の確保，実施状況に基づく改善などを向上さ

せるカリキュラム・マネジメントを学校全体で行うことが明記された。カリキュラム・マネジメントとは，教育課程に基づき組織的かつ計画的に各学校の教育活動の質の向上を図っていくことである。

さらに，「よりよい学校教育を通してよりよい社会を創るという理念」を学校と社会が共有し，連携及び協働により実現していくために，どのような資質・能力を身につけるかを明確化した「社会に開かれた教育課程」をマネジメントする重要性が示されている。

新たに取り組むこと，これからも重視することとして，①プログラミング教育，②外国語教育，③道徳教育，④言語能力の育成，⑤理数教育の育成，⑥伝統文化に関する教育，⑦主権者教育，⑧消費者教育，⑨特別支援教育，⑩体験活動の充実などがあげられている。各教科や教科外の活動等において，これらの特質に応じた取り組みの充実が求められている。

(2) 教科および教科外の授業時数

2017年学習指導要領に基づく小学校の授業時間は，6年間の総授業時間数は5785時間であり，前回の学習指導要領と比較すると140時間の増加となる。高学年に教科として「外国語」が各々70時間新設されたことに伴い，従前の「外国語活動」が中学年に移行し，各々35時間の活動となった（表9.2）。そこで，3〜6学年の4年間で140授業時間（各学年35時間），週当たりにすると1授業時間の増加となったのである。総授業時間数の5785時間は，「ゆとりの中で『生きる力』を育む」ことをスローガンとして授業時間数を大幅削減した1998（平成10）年以前の1989（平成元）年の学習指導要領の時間数に戻ったことになる。それ以外の教科・活動は従前の授業時間数を踏襲している。

(3) 教育課程編成の特例

小学校の教育課程は，基本的に小学校学習指導要領を基準として編成されることになっているが，特例が認められている場合もある。教育課程を規定されたとおりに編成することが困難な場合，たとえば複式学級，特別支援学級，通

表 9.2　2017 年小学校学習指導要領の授業時間

区　分		第1学年	第2学年	第3学年	第4学年	第5学年	第6学年	合　計
各教科の授業時数	国　語	306(0)	315(0)	245(0)	245(0)	175(0)	175(0)	1461(0)
	社　会	—	—	70(0)	90(0)	100(0)	105(0)	365(0)
	算　数	136(0)	175(0)	175(0)	175(0)	175(0)	175(0)	1011(0)
	理　科	—	—	90(0)	105(0)	105(0)	105(0)	405(0)
	生　活	102(0)	105(0)	—	—	—	—	207(0)
	音　楽	68(0)	70(0)	60(0)	60(0)	50(0)	50(0)	358(0)
	図画工作	68(0)	70(0)	60(0)	60(0)	50(0)	50(0)	358(0)
	家　庭	—	—	—	—	60(0)	55(0)	115(0)
	体　育	102(0)	105(0)	105(0)	105(0)	90(0)	90(0)	597(0)
	外 国 語	—	—	—	—	70 (+70)	70 (+70)	140 (+70)
特別の教科である道徳の授業時数		34(0)	35(0)	35(0)	35(0)	35(0)	35(0)	209(0)
外国語活動の授業時数		—	—	35 (+35)	35 (+35)	(−35)	(−35)	70(0)
総合的な学習の時間の授業時数		—	—	70(0)	70(0)	70(0)	70(0)	280(0)
特別活動の授業時数		34(0)	35(0)	35(0)	35(0)	35(0)	35(0)	209(0)
総授業時数		850 (0)	910 (0)	980 (+35)	1015 (+35)	1015 (+35)	1015 (+35)	5785 (+140)

注：（　）内は 2008 年学習指導要領からの増減。—は設定なし。
出所：学校教育法施行規則別表第一（第五十一条関係）より作成

級による指導，長期欠席児童を対象とした教育課程および日本語が通じない児童への教育課程などがあり，特別な教育課程の編成が可能なのである（学校教育法施行規則第 55 条ほか）。

　また，2008（平成 20）年度から，学校や学校をとりまく地域の実態に照らして，より効果的で特色ある教育を実施するため，学習指導要領によらない教育課程を編成して実施することを認める教育課程特例校制度が始まった。学習指導要領に定められている内容が適切に取り扱われていることや総授業時数が確

保されていることなどの条件のもと，文部科学大臣が認める制度である（学校教育法施行規則第55条の2）。たとえば，「国語科」「生活科」「総合的な学習の時間」の一部を組み替え「書道科」としたり，「生活科」「総合的な学習の時間」の一部を組み替え「英語科」とし，低学年から英語教育を実施したりしている小学校がある。また，「生活科」「総合的な学習の時間」「特別活動」の一部を組み替え，地域に根差した「ふるさと科」としたり，「社会科」「算数科」「理科」などで英語による指導を実施したりする事例も報告されている（文部科学省：2018e）。

2016（平成28）年度より設けられた小・中一貫教育を行う義務教育学校では，小学校に相当する前半6年間を小学校学習指導要領に基づいて教育することとしている。ただし，小・中一貫の9年間を生かした教育課程の特例があり，独自科目を追加したり，それをもって各教科等の授業や授業時数に代替したり，小学校段階の内容を中学段階へ先送り・中学校段階のものを小学校段階へ前倒ししたりすることなどが認められている。第5学年から教科担任制を採用し，中学校段階の教員が指導することもできる。また，特別活動の学校行事等は，小学校段階から中学生と一緒に行うことができ，特色ある教育課程を編成し実施することが可能なのである（文部科学省，2016）。

3．外国語活動と新教科「外国語」

(1) 新教科「外国語」導入の背景

グローバル化が急速に進展する昨今，外国語によるコミュニケーション能力は，一部の業種や職種にとどまらず，誰もが生涯にわたるさまざまな場面で必要とされることが想定され，その向上が課題となっている。2008（平成20）年改訂の小学校学習指導要領では，小・中・高等学校において一貫した外国語教育を行うことで，外国語を通じて，言語や文化に対する理解を深め，外国語を用いてコミュニケーションを図ろうとする態度や技能を身につけられるように，「聞くこと」「話すこと」「読むこと」「書くこと」を総合的に育成することが強

調された。2011（平成23）年度から「外国語活動」が高学年で導入されると，児童の学習意欲の高まりや英語を使って積極的にコミュニケーションを図ろうとする成果がみられてきた。いっぽうで，音声中心で学んだ小学校での英語が中学校段階の文字への学習に円滑に接続されていないことや，抽象的な思考力が高まる高学年に体系的な英語学習が求められること，学年が上がるにつれて学習意欲の低下がみられるといった課題も指摘されている。

　そこで，2017（平成29）年改訂の小学校学習指導要領では，中学年に「外国語活動」を移行し，「聞くこと」「話すこと」を中心とした活動によって外国語に慣れ親しみ，外国語学習への動機づけを行ったうえで，高学年からの教科「外国語」において「読むこと」「書くこと」を加え，総合的・系統的に学習を行い，中学校への接続を図るようにしたのである。

(2)　「外国語活動」と新教科「外国語」

　中学年における「外国語活動」は，第3・4学年ともに年間35授業時間（週当たり1授業時間）であり，その目標は次のように設定されている。

> 　外国語によるコミュニケーションにおける見方・考え方を働かせ，外国語による聞くこと，話すことの言語活動を通して，コミュニケーションを図る素地となる資質・能力を次のとおり育成することを目指す。
> (1)　外国語を通して，言語や文化について体験的に理解を深め，日本語と外国語との音声の違い等に気付くとともに，外国語の音声や基本的な表現に慣れ親しむようにする。
> (2)　身近な簡単な事柄について，外国語で聞いたり話したりして自分の考えや気持ちなどを伝え合う力の素地を養う。
> (3)　外国語を通して，言語やその背景にある文化に対する理解を深め，相手に配慮しながら，主体的に外国語を用いてコミュニケーションを図ろうとする態度を養う。

「外国語活動」の目標は，3つの資質・能力（知識・技能，思考力・判断力・表現力等，学びに向かう力・人間性等）の下で，英語の「聞くこと」「話すこと（や

りとり）」「話すこと（発表）」の３領域を設定し，音声を中心として外国語コミュニケーションを図る素地となる資質・能力を育成することが求められている。また，より弾力的な指導ができるように，目標を学年ごとに示すのではなく，２学年間を通したものとしている。活動内容は，外国語の音声や基本的な表現に慣れ親しみ，外国語で聞いたり話したりして，自分の考えや気持ちを伝え合うような体験をすることとしている。

　高学年に設定された新教科「外国語」は，第５・６学年とも年間授業時数70時間（週当たり２授業時間）であり，その目標は次のとおりである。

　　　外国語によるコミュニケーションにおける見方・考え方を働かせ，外国語による聞くこと，読むこと，話すこと，書くことの言語活動を通して，コミュニケーションを図る基礎となる資質・能力を次のとおり育成することを目指す。

　外国語の音声や文字，語彙，表現，文構造，言語の働きなどについて，日本語と外国語の違いに気づき理解しながら，「読むこと」「書くこと」に慣れ親しみ，「聞くこと」「読むこと」「話すこと」「書くこと」による実際のコミュニケーションに必要な基礎的な技能を身につけることが望まれる。また，外国語の背景にある文化への理解を深めるとともに，主体的に外国語を用いてコミュニケーションを図ろうとする態度を養うことがめざされているのである。言語を学ぶことは，その言語を創造し継承してきた文化やその言語を話す人々の考え方を学ぶことにもなり，その言語を適切に使うことにつながるのである。

　学習内容は，「聞くこと」「話すこと」に加えて，「読むこと」「書くこと」が扱われるようになる。つまり，アルファベットの文字を読んだり書いたりする学習が始まることになるが，児童の実態に合わせて行うことが大切になる。アルファベットをただ単にＡから読んだり書いたりするのではなく，教材の登場人物の名前の文字を聞き取ったり，自分や友人，歴史上の人物の名前を書いたりし，興味をもって慣れ親しむ学びが必要となろう。また，文や文構造を学ぶ際には，文法の用法や用語を覚えこむのではなく，言語活動のなかで基本的な表現として繰り返しふれることで身につくようにしたい。

4．特別の教科である道徳

(1)　教科「道徳」誕生の背景

　2015（平成27）年の学校教育法施行規則改正によって，道徳の時間から特別の教科である道徳（道徳科）へ教育課程における位置づけが変更なり，小学校では2018（平成30）年4月より全面実施されている。この変更は，子どもたちの自尊感情の低さ，自己中心傾向，社会に対して自己を閉ざすといった社会参画能力の低下，いじめ問題の深刻化などといったわが国における子どもの心の危機があげられる。また，道徳教育の要とされた道徳の時間が，忌避される傾向にあったり，軽視されてほかの授業に振り替えられたり，読み物の登場人物の心情を理解させるだけだったりと形骸化された授業内容になっているとの批判が背景にあった。そこで，一人ひとりの児童が，答えが1つではない道徳的な課題を自分自身の問題として捉え，向き合っていくような「考える道徳」「議論する道徳」へと変換することが求められていたのである。

(2)　特別の教科 道徳（道徳科）

　道徳科が，国語や算数のような各教科ではなく，特別の教科とされたのは，道徳が学校の教育活動全体を通して人格形成を担うことから，小学校のみならず中学校も学級担任が担当すること，1時間の目標が方向的目標設定になること，数値による評価がなじまないこと，指導に際して特別の配慮が求められることなどがあげられる。道徳科の目標は，次のとおりである。

　　　第1章総則の第1の2の(2)に示す道徳教育の目標に基づき，よりよく生きるための基盤となる道徳性を養うため，道徳的諸価値についての理解を基に，自己を見つめ，物事を多面的・多角的に考え，自己の生き方についての考えを深める学習を通して，道徳的な判断力，心情，実践意欲と態度を育てる。

　道徳教育の目標と道徳科の目標が，一体的になるとともに趣旨が明確になり，とくに道徳科は児童の本質的な部分に直接働きかけ，心を揺さぶり耕すような

学びが求められているのである。

　道徳科は，6年間を通しての学習であり，各学年35時間（1学年は34時間）で週当たり1授業時間となる。道徳教育の目標達成のため，指導する4つの視点（「A　主として自分自身に関わること，B　主として人との関わりに関すること，C　主として集団や社会との関わりに関すること，D　主として生命や自然，崇高なものとの関わりに関すること」）を定め，低学年，中学年，高学年の学年段階に分けて内容項目を分類整理している。内容項目は，低学年が19項目，中学年が20項目，高学年が22項目にまとめられ，最も指導の適時性のある内容項目を学年段階ごとに精選し，重点的に示している。

　教科化に伴い検定教科書を主たる教材とすることになるが，地域に根差した郷土教材や学校開発教材なども合わせた指導計画の作成が必要となる。また，指導にあたっては，児童自らが主体的に学習に取り組めるようにすること，自分の考えをもとに話し合ったり書いたりする言語活動を充実すること，問題解決的な学習や道徳的行為に関する体験的な学習を取り入れること，身近な社会的課題を解決しようとする意欲や態度を育てることなどが大切になる。さらに，数値による評価は行わないが，児童の学習状況や道徳性の成長に関し，プラスのメッセージを伝え，一人ひとりの人格的成長を促す継続的な評価を行っていくことが求められよう。

5．幼児期の教育における課程

(1)　幼児期の教育を担う教育機関

　2006（平成18）12月の教育基本法が改正により，第11条に「幼児期の教育は，生涯にわたる人格形成の基礎を培う重要なものである」と規定されるようになった。それをふまえ改正された学校教育法第22条には，幼稚園教育が「義務教育及びその後の教育の基礎を培うもの」と明記された。不透明な社会を生きるための基礎，小学校との円滑な接続，急速に進む少子化，家庭や地域社会の変化といった近年の社会問題を背景として，幼児期の教育が今日ますます重要

となっている。

　幼児期の教育を担う幼稚園は，1947（昭和22）年の学校教育法制定とともに学校の1つとして位置づけられ今日に至っている。いっぽう，保育所は，児童福祉法の規定に基づき「保育を必要とする子どもの保育を行い，その健全な心身の発達を図ることを目的」とする児童福祉施設とされている。また，近年制度化された幼保連携型認定こども園は，満3歳以上の子どもへの教育ならびに保育を必要とする子どもへの保育を一体的に行うとともに，保護者に対する子育て支援を提供する施設とされている。

　学校教育法が定める幼稚園には，その教育内容に関する基準として「幼稚園教育要領」がある。保育所保育の基準には「保育所保育指針」，幼保連携型認定こども園の教育・保育の基準には「幼保連携型認定こども園教育・保育要領」がある。幼稚園の教育課程を編成するに必要な幼稚園教育の基本や基準を中心としながら，幼児期の教育を担う教育機関（保育所や幼保連携型認定こども園）の教育課程をみていく。

(2)　幼稚園教育の基本

　幼稚園の目的は，学校教育法第22条に「義務教育及びその後の教育の基礎を培うものとして，幼児を保育し，幼児の健やかな成長のために適当な環境を与えて，その心身の発達を助長すること」と記されている。幼稚園は，学校の1つであるが，小学校や中学校が普通教育を施すとしているのに対し，「環境」を通して「心身の発達を助長」するとしている。つまり，幼稚園では何かを教え込むといったことではなく，四季の変化や園周辺の自然環境，園庭や保育室などの物的環境，教師や友だちらの人的環境などを通し，幼児自らがさまざまなものに興味をもち自発的にかかわっていく意欲や態度を養い，生涯にわたる人間形成の土台を培うことがめざされているのである。同法第23条には，その目的を実現するために5つの目標が規定されている（巻末資料参照）。

　なお，保育所と幼保連携型認定こども園における保育・教育も，幼稚園同様に「環境を通して行う」ことを特性としている。

(3) 幼稚園教育を行う視点―5領域―

学校教育法第23条にあげられた5つの目標は，幼稚園の教育課程を編成するうえでの基準となる「幼稚園教育要領」において，5領域（①健康，②人間関係，③環境，④言葉，⑤表現）として明記されている。

　①心身の健康に関わる領域―健康

　②人との関わりに関する領域―人間関係

　③身近な環境との関わりに関する領域―環境

　④言葉の獲得に関する領域―言葉

　⑤感性と表現に関する領域―表現

幼稚園教育における領域とは，教師が幼児の生活を通して総合的な指導を行う際の視点であり，保育環境を構成する場合の視点でもある。幼児の発達は，さまざまな側面が絡み合って，相互に影響しあっていくものであり，園生活全体を通して，総合的に指導されるものである。そのため，幼稚園教育における領域は，独立した授業として展開される小学校の教科とは異なり，領域別に教育課程を編成したり，特定の活動と結びつけて指導したりすることは避けなければならない。なお，5領域の視点は，保育所および幼保連携型認定こども園の教育においても共通である。

(4) 幼稚園・保育所・幼保連携型認定こども園における基準

1948（昭和23）年，文部省（現文部科学省）は戦後の幼稚園教育の方向性を示すものとして，「保育要領―幼児教育の手引き―」を刊行した。これは，幼稚園のみならず，保育所や家庭も含めた保育の「手引き」としての性格をもっていた。1956（昭和31）年，幼稚園の教育課程の基準として，初めて「幼稚園教育要領」が作成され，保育内容を6領域とした。1964（昭和39）年の第1次改訂により「文部大臣が別に公示する幼稚園教育要領」と告示され，法的拘束力をもった。1989（平成元）年の第2次改訂によって，保育内容が5領域となり，1998（平成10）年，2008（平成20）年，2017（平成29）年に改訂が行われた（表9.3）。

表 9.3 幼稚園教育要領・保育所保育指針・幼保連携型認定こども園教育・保育要領の変遷

幼稚園	保育所	幼保連携型認定こども園
1948（昭和23）年 「保育要領—幼児教育の手引き」		
1956（昭和31）年 「幼稚園教育要領」刊行 ・健康・社会・自然・言語・音楽リズム・絵画制作の6領域		
1964（昭和39）年：第1次改訂 ・文部大臣が公示する幼稚園教育要領	1965（昭和40）年 「保育所保育指針」刊行	
1989（平成元）年：第2次改訂 ・健康・人間関係・環境・言葉・表現の5領域	1990（平成2）年：第1次改訂 ・健康・人間関係・環境・言葉・表現の5領域	
1998（平成10）年：第3次改訂 ・教育課程と預かり保育との連携	1999（平成11）年：第2次改訂 ・延長保育	
2008（平成20）年：第4次改訂 ・小学校教育との連携の必要性	2008（平成20）年：第3次改訂 ・厚生労働大臣告示，保育課程	2014（平成26）年 「幼保連携型認定こども園教育・保育要領」告示
2017（平成29）年：第5次改訂 ・3つの資質・能力，10の姿，幼小接続	2017（平成29）年：第4次改訂 ・3つの資質・能力，10の姿，全体的な計画	2017（平成29）年：第1次改訂 ・3つの資質・能力，10の姿

出所：幼稚園教育要領・保育所保育指針・幼保連携型認定こども園教育・保育要領をもとに筆者が作成

　幼児期の教育を担う機関には，幼稚園のほかに保育所や幼保連携型認定こども園があり，その保育・教育についての基準として「保育所保育指針」「幼保連携型認定こども園教育・保育要領」が定められている。それら機関の目的や基準の変遷を概観する。

　保育所は，児童福祉法の規定に基づき「保育を必要とする子どもの保育を行い，その健全な心身の発達を図ることを目的」とする児童福祉施設である。また，保育所保育は「保育所における環境を通して，養護及び教育を一体的に行うことを特性」としているのである。つまり，保育士らが子どもたちの生命を保持し，情緒の安定を図るなかで，乳幼児期にふさわしい経験が積み重なるよう援助していくことを示しており，その養護と教育についてのねらいや内容な

どの基準を定めているのが，厚生労働省が策定した「保育所保育指針」である。「保育所保育指針」は，たびたび改訂され，直近では2017（平成29）年3月に告示された。

　認定こども園制度は，「就学前の子どもに対する教育及び保育並びに保護者に対する子育て支援を総合的に提供する仕組み」として，2006（平成18）年に始まった。2012（平成24）年の認定こども園法の一部改正により，幼保連携型認定こども園を学校および児童福祉施設としての法的位置づけをもつ単一施設に改め，その教育課程や教育・保育の内容に関する事項は，幼稚園教育要領および保育所保育指針との整合性を図ることとされた。

　その後，中教審に認定こども園教育専門部会が，社会保障審議会に認定こども園保育専門委員会が設置され，2013（平成25）年からは合同検討会議がもたれた。2014（平成26）年1月，合同検討会議は，「幼保連携型認定こども園保育要領（仮称）の策定について（報告）」をまとめ，同年4月に内閣府・文部科学省・厚生労働省はこの報告書をふまえ，「幼保連携型認定こども園教育・保育要領」を告示した。

(5)　2017（平成29）年改訂の「幼稚園教育要領」のポイント

　2017年幼稚園教育要領では，小学校以降の子どもの発達を見通しながら，生きる力の基礎を育むため，幼稚園教育において育みたい資質・能力を，以下の3つを明記した。

　　①「知識及び技能の基礎」…幼児が豊かな体験を通して，感じたり，気づいたり，わかったり，できるようになったりすること

　　②「思考力・判断力・表現力等の基礎」…気づいたり，できるようになったことなどを使い，考えたり，試したり，工夫したり，表現したりする力のこと

　　③「学びに向かう力・人間性等」…心情・意欲・態度が育つなかで，よりよい生活を営もうとすること

小学校以降の学習指導要領で示された資質・能力の3本柱との一貫性をもっ

ているが，幼稚園教育要領では「の基礎」という表記になっている。これは，幼児期の資質・能力が達成する目標ではなく，獲得していくプロセスとして示された枠組みなのである。また，これらは個別に取り出して身につけさせるものではなく，遊びを通しての総合的な指導のなかで，一体的に育むことが重要となる。

さらに，今改訂では「幼児期までに育ってほしい姿」が初めて明記された。これは，資質・能力がどのように育っているかをとらえ，保育の改善を図るために，幼児の姿を具体的にみていくためのものであり，「①健康な心と体，②自立心，③協同性，④道徳性・規範意識の芽生え，⑤社会生活との関わり，⑥思考力の芽生え，⑦自然との関わり・生命尊重，⑧数量や図形，標識や文字などへの関心・感覚，⑨言葉による伝え合い，⑩豊かな感性と表現」の10項目である。年長児の後半を想定した具体的な姿が記されているが，乳幼児期全体を通して，さらには小学校へつながっていく子どものあり方として描かれている。新しい保育所保育指針と幼保連携型認定こども園教育・保育要領にも10項目の「幼児期までに育ってほしい姿」が記されている。

6．幼児期の教育と小学校教育の接続

近年，小学校に入学したばかりの1年生が，新しい環境になじめず，教員の話を聞かない，指示どおりに行動しない，授業中に立ち歩くといった授業規律が成立しない状態に陥る「小1プロブレム」が喫緊の課題となっている。2017年小学校学習指導要領では，学校段階間の段差をなくし，幼・保・小の円滑な接続を図ることが強調され，3つの資質・能力と「幼児期の終わりまでに育ってほしい姿」をふまえて，児童が主体的に自己を発揮しながら小学校の学習に向かっていけるようなスタートカリキュラムを実施することが記されている。とくに，小学校入学当初は，幼児期に自発的な活動としての遊びを通して育まれたものが，各教科における学習へ円滑に接続されるよう生活科を中心として，合科的・関連的指導や弾力的な時間割の設定等の工夫や指導計画の作成を行う

ことが望まれているのである。

　幼児と児童が，互いの園や学校へ出向いたり，行事に参加しあったりする交流の機会が広がってきている。今後は，幼稚園と小学校の教員が意見交換の機会や合同研究会を設け，「幼児期の終わりまでに育ってほしい姿」を共有したり，接続を見通した教育課程の編成・実施をして，結果をふまえた検討が行われたりすることが必要になるであろう。

引用・参考文献

・文部科学省（2016）「小中一貫した教育課程の編成実施に関する手引き」
・永田繁雄（2017）『平成 29 年版小学校新学習指導要領ポイント総整理特別の教科道徳』東洋館出版
・文部科学省（2018a）「小学校学習指導要領」
・文部科学省（2018b）「幼稚園教育要領解説」
・文部科学省（2018c）「小学校学習指導要領解説　外国語活動・外国語編」
・文部科学省（2018d）「小学校学習指導要領解説　特別の教科　道徳編」
・文部科学省（2018e）「小中一貫した教育課程の編成・実施に関する事例集」
・滝沢和彦編著（2018）『はじめて学ぶ教職①教育学原論』ミネルヴァ書房
・根津朋実編著（2019）『はじめて学ぶ教職⑩教育課程』ミネルヴァ書房
・田沼茂紀（2019）『小学校道徳授業スタンダード』東洋館出版
・外国語活動・外国語科実践研究会（2019）『実践！新学習指導要領基本が分かる外国語活動・外国語科の授業』東洋館出版
・矢藤誠慈郎・北野幸子（2019）『新・基本保育シリーズ②教育原理』中央法規

第10章

中学校・高等学校の教育課程の構成

1．中学校・高等学校の教育課程―法制面から

　第2章でふれたように，中学校における教育の目的は学校教育法第45条で「中学校は，小学校における教育基礎の上に，心身の発達に応じて，義務教育として行われる普通教育を施すことを目的とする」と規定され，次いで第46条で小学校と共通する義務教育の目標（第21条）が述べられる。さらに第48条ではその教育課程は文部科学大臣が定めるとされている（第30条第2項のいわゆる学力の三要素の規定については中学校，高等学校にも準用される（第49条））。これを受けて学校教育法施行規則第72条では「教育課程の編成」として「中学校の教育課程は，国語，社会，数学，理科，音楽，美術，保健体育，技術・家庭及び外国語の各教科，特別の教科である道徳，総合的な学習の時間並びに特別活動によって編成するものとする」と定め，第73条で各教科等の授業時数について，第74条で「教育課程の基準」として文部科学大臣が別に公示する中学校学習指導要領によるものとする」とされている（73～76条までは，後述する併設型中学校，連携型中学校，小学校併設型中学校，小学校連携型中学校についての条文も含まれている）。

　つぎに高等学校については，教育の目的は学校教育法第50条で「高等学校は，中学校における教育基礎の上に，心身の発達及び進路に応じて，高度な普通教育及び専門教育を施すことを目的とする」と述べている。「高度な普通教育」に加えて「専門教育」が加わっていることに注意しよう。第51条では高等学校教育の目標を以下のように定めている。

第51条　高等学校における教育は，前条に規定する目的を実現するため，次に掲げる目標を達成するよう行われるものとする。

一　義務教育として行われる普通教育の成果を更に発展拡充させて，豊かな人間性，創造性及び健やかな身体を養い，国家及び社会の形成者として必要な資質を養うこと。

二　社会において果たさなければならない使命の自覚に基づき，個性に応じて将来の進路を決定させ，一般的な教養を高め，専門的な知識，技術及び技能を習得させること。

三　個性の確立に努めるとともに，社会について，広く深い理解と健全な批判力を養い，社会の発展に寄与する態度を養うこと。

2．学校教育法体制下の中学校・高等学校の歩み

　現在のわが国における学校教育制度は，1947（昭和22）年制定の学校教育法とともに始まった（高等学校は翌1948年度から実施）。その後学習指導要領はおよそ10年ごとに改訂されてきているが（本書第3〜6章参照），本節ではとくに，1989（平成元）年学習指導要領以降の中学校および高等学校，中高一貫校および小中一貫校の教育課程について概要を紹介しよう。

(1)　1989（平成元）年学習指導要領

　1984〜87（昭和59〜62）年にかけて総理大臣直属の臨時教育審議会がおかれ，①個性重視の原則，②生涯学習体系への移行，③変化への対応（国際化，情報化，教員の資質向上，教育の地方分権可等）を骨子とする4つの答申をまとめたが，教育課程審議会も1987（昭和62）年に答申を出し，これを受けて1989（平成元）年3月に小学校・中学校・高等学校学習指導要領が全面改訂された。中学校での全面実施は1993（平成5）年4月からである。

　このときの眼目の1つが，「新しい学力観」の提唱であった。これは，従来の学力が知識や理解に重きをおいていたものを，変化の激しいこれからの社会

において新しい事態に直面した際にこれにどれだけ関心や意欲をもって向き合えるかが重要であるという考え方である。中学校生徒指導要録における「観点別学習状況」（3段階絶対評価）はそれまでの「知識・理解，技能・表現，思考・判断，関心・態度」がほぼ逆転して「関心・意欲・態度，思考・判断，技能・表現，知識・理解」の順序の書式となり，また相対評価である「評定」よりも絶対評価である「観点別学習状況」が先におかれることになった。子どもたちの学ぶ意欲を引き出すために，教師の仕事は指導よりも支援であるとされた。

　個性重視の原則を受けて，選択教科については，「第1学年及び第2学年においては1以上，第3学年においては2以上とし，生徒の特性等を十分考慮して，それぞれの生徒に適した選択教科を履修させること」とされ，「第1学年においては外国語又は第2章第10節に示すその他特に必要な教科，第2学年においては音楽，美術，保健体育，技術・家庭，外国語又は第2章第10節に示すその他特に必要な教科，第3学年においては第2章に示す各教科」を選択できることとされた。また，特別活動における「クラブ活動」については，中学校・高等学校とも「部活動に参加する生徒については，当該部活動への参加によりクラブ活動を履修した場合と同様の成果があると認められるときは，部活動への参加をもってクラブ活動の一部又は全部の履修に替えることができるものとする」とされ，この時期部活動の必修化が進んだ。あわせて，「入学式や卒業式などにおいては，その意義を踏まえ，国旗を掲揚するとともに，国歌を斉唱するよう指導するものとする」とされた。なお，中学校における年間の標準授業時間数は1050時間であった。

　高等学校において，それまでの社会科が地理・歴史科および公民科に分割され，地歴科の世界史が必修化されたこと，家庭科が男女共修化されたのもこのときのことである。なお，高等学校における最低必要修得単位数は80単位以上であった。

(2) 1998（平成10）年学習指導要領

　1980〜90年代は冷戦終結・ソ連邦の崩壊，そして国内はバブル経済の崩壊を受けて社会の不透明感が増していた。1980年代に噴出した子どもにかかわる諸問題（校内暴力，管理主義，いじめ，不登校など）が改善せず，薬物や援助交際といわれた少女売春，そして1990年代後半には猟奇的な殺人事件や学級崩壊，キレる子どもたちがマスコミをにぎわせることとなる。

　こうしたなか，1996（平成8）年の中教審答申「21世紀を展望した我が国の教育の在り方について」は「ゆとり」のなかで「生きる力」をはぐくむことを理念として掲げ，今後の学校教育の改革について，「教育内容の厳選と基礎・基本の徹底」「一人一人の個性を生かすための教育の改善」「豊かな人間性とたくましい体をはぐくむための教育の改善」「横断的・総合的な学習の推進」を提言した。また「完全学校週5日制」についてもその実施をめざすべきであるとした。

　これを受けて1998（平成10）年に告示された学習指導要領は，小・中学校が2002（平成14）年度から全面実施，高等学校は2003（平成15）年度から学年進行で実施され，2002年度からは公立学校は完全週5日制となった。これによって，年間授業時間数は中学校で1050時間から980時間へと70時間削減され，また高等学校の卒業に必要な修得総単位数は80単位から74単位になった。小・中学校では教育内容が3割削減されたが，授業時間数の削減以上に教育内容の厳選を行うことで，残された基礎的基本的な内容の理解が十分にできるようにとの目論見であった。また，中学校と高等学校の特別活動からはクラブ活動がなくなった。

　中学校ではこのとき「外国語」が必修科目となり，これとは別に第1学年からす全教科について選択が可能となった。高等学校では，共通に学ぶ必修科目の合計単位数は，これまでの38単位（普通科）を31単位に縮減し，個性を生かす教育の充実が図られた。このように，「共通に履修させる部分を厳選し，選択教科に充てる授業時数を拡大すること」（中学校），「必修教科・科目の内容とその単位数を相当程度削減するとともに，生徒が自らの在り方や生き方に

応じて選択する教科・科目の拡大を図ること」（高等学校）を教育課程の弾力化と呼んでいる。

　教育内容の厳選，教育課程の弾力化そして完全学校週5日制と並んで「ゆとり教育」の象徴とみなされたのが「総合的な学習に時間」の新設である。もともと1996年の中教審答申では，「生きる力」は特定の教科等だけではぐくむことのできない「全人的な力」であることをふまえて「横断的・総合的な指導を一層推進し得るような新たな手だてを講じ」ることが必要であること，またこれからの子どもたちにとって「国際理解教育，情報教育，環境教育などを行う社会的要請が強まってきているが，これらはいずれの教科等にもかかわる内容を持った教育であり，そうした観点からも，横断的・総合的な指導を推進していく必要性は高まっている」との認識の下で構想されたものであった。ところが，2年後の教育課程審議会答申や学習指導要領では，そのねらいについて「(1)自ら課題を見付け，自ら学び，自ら考え，主体的に判断し，よりよく問題を解決する資質や能力を育てること。(2)学び方やものの考え方を身に付け，問題の解決や探究活動に主体的，創造的に取り組む態度を育て，自己の生き方を考えることができるようにすること」（中学校）と述べられたものの，学習活動については，「①例えば国際理解，情報，環境，福祉・健康などの横断的・総合的な課題，②生徒の興味・関心に基づく課題，③地域や学校の特色に応じた課題などについて，学校の実態に応じた学習活動を行うものとする」（中学校の場合。番号は引用者）と②と③が付け加えられたことから「なんでもあり」の状態になってしまい，これが「総合」の時間がゆとり教育の一環であるとみなされてしまう一因となった（高等学校における総合的な学習の時間の学習活動は「ア　国際理解，情報，環境，福祉・健康などの横断的・総合的な課題についての学習活動，イ　生徒が興味・関心，進路等に応じて設定した課題について，知識や技能の深化，総合化を図る学習活動，ウ　自己の在り方生き方や進路について考察する学習活動」とされ，総合学科においてはイを含むものとされた）。

　なお，普通教育に関する教科として「情報」が新設されたのもこの時のことである。

(3) 2003（平成 15）年学習指導要領一部改正

　1998 年学習指導要領の告示後のいわゆる学力低下論争を経て，文部科学省
は 1998 年学習指導要領実施直前の 2002 年 1 月に「学びのすすめ」を公表して
「確かな学力」の向上のための指導上の重点を示すことになったが，ここには
もはや「ゆとり」の文字はみられなかった。2003 年学習指導要領一部改正は
これを受けてなされたものである。

　小・中・高等学校に共通する改正点としては，第一に，学習指導要領に示し
ている内容はすべての児童生徒に指導する内容＝最低基準であり（基準性），
これらを確実に指導したうえで児童生徒の実態をふまえ，学習指導要領に示し
ていない内容を加えて指導することができることを明確にしたこと，第二に総
合的な学習の一層の充実のために，(1)総合的な学習の時間のねらいとして，各
教科，道徳および特別活動で身につけた知識や技能などを相互に関連づけ，学
習や生活において生かし，それらが総合的に働くようにすることを加えた，(2)
各学校において総合的な学習の時間の目標および内容を定める必要があること
を規定した，(3)各学校において総合的な学習の時間の全体計画を作成する必要
があることを規定した，(4)総合的な学習の時間の目標および内容に基づき，児
童生徒の学習状況に応じて教師が適切な指導を行う必要があることを規定し，
また，学校図書館の活用，他の学校との連携，各種社会教育施設や社会教育関
係団体などとの連携，地域の教材や学習環境の積極的な活用などについて工夫
する必要があることを明確にした。

(4) 2008（平成 20）年学習指導要領

　2008（平成 20）年 1 月に中教審答申「幼稚園，小学校，中学校，高等学校及
び特別支援学校の学習指導要領の改善について」が公表され，同年 3 月に小学
校および中学校の，翌年 3 月に高等学校の学習指導要領が改訂された。2006
（平成 18）年 12 月に改正された教育基本法をふまえての改訂であり，学校教育
法で示された「学力の三要素」を念頭に内外の学力テストなどの結果を受けて
「思考力・判断力・表現力」の育成を重視した。このように，「知識基盤社会」

における「確かな学力の確立」をめざしたことが一番の特徴である。

　中学校の教育課程については，前回増加された選択教科の授業時数が標準授業時数の枠外におかれ，各学校において開設しうるとされたことを指摘しておきたい。必修教科の教育内容や授業時数を増加することで教育課程の共通性を高め，基礎的・基本的な知識・技能を定着させるとともに，総合的な学習の時間と相まって思考力・判断力・表現力等を育成することがその趣旨であった。なお，年間の総授業時数は35時間増加して1015時間となった。

　高等学校については，卒業に必要な総修得単位数はこれまで同様74単位以上である。「学習の基盤であり，広い意味での言語を活用する能力ともいうべき力を高める」科目として，国語総合，数学Ⅰ，コミュニケーション英語Ⅰを共通履修科目（必履修科目）とした。地歴，公民，理科については選択必履修とする。情報，保健体育，芸術，家庭についてもこれまでの必履修科目の枠組みを維持し，専門学科における必修の専門教科・科目は引き続き25単位とした。また，総合学科においては引き続き，「産業社会と人間」を必修としている。

(5)　中高一貫教育，小中一貫教育

　中高一貫教育制度の選択的導入を可能とする学校教育法の改正施行は1999（平成11）年4月のことである。その直接の契機となった1997（平成9）年の中教審第二次答申「21世紀を展望した我が国の教育の在り方について」は，「ゆとりの中で生きる力を」のスローガンを掲げた第一次答申を受けて，「[ゆとり]ある学校生活をおくることを可能にする」という観点から中高一貫教育について以下のメリットをあげていた。(a)高等学校入学者選抜の影響を受けずにゆとりのある安定的な学校生活が送れること，(b)6年間の計画的・継続的な教育指導が展開でき効果的な一貫した教育が可能となること，(c)6年間にわたり生徒を継続的に把握することにより生徒の個性を伸長したり，すぐれた才能の発見がよりできること，(d)中学1年生から高校3年生までの異年齢集団による活動が行えることにより，社会性や豊かな人間性をより育成できることである。

　中高一貫教育には，6年制の中等教育学校，中学校と高等学校の設置者が同

一である併設型（県立中学校と県立高校など），そして中学校と高等学校の設置者が異なる連携型（市町村立中学校と県立高等学校が連携して教育課程を編成する）の3つの実施形態がある。受験競争の低年齢化を防ぐため学力試験は行わないこととされているが，近年は地域の一番手の進学高校が中高一貫教育を行う例も出てきている。

　いっぽう，義務教育として行われる普通教育を一貫して施す9年制の学校については，2005（平成17）年の中教審答申「新しい時代の義務教育を創造する」においてその検討の必要性が指摘されているが，制度化されたのは2015（平成27）年に「義務教育学校」の設置を可能とする改正学校教育法が成立し，翌年4月から施行されてからのことである。義務教育9年間の全体像を把握し，系統性・連続性に配慮した教育活動に取り組むことがその眼目であるが，いわゆる「中一ギャップ」問題の顕在化とそれへの対応の必要性の認識が小中一貫教育制度化の大きな契機であったといわれている。

　小中一貫教育においても，9年制の義務教育学校，小学校と中学校の設置者が同一である併設型，それから小学校と中等学校の設置者が異なる連携型（数は少ない）の3つの実施形態がある。

3．新学習指導要領のもとでの中学校・高等学校の教育課程

　2016（平成28）年12月の中教審答申を受けて改訂された2017（平成29）年学習指導要領（高等学校は2018年）について，その全体にかかわる特質については本書の各所で述べられているので，ここでは中学校および高等学校の教育課程について紹介する。

　まず中学校教育の基本については，義務教育を行う最後の教育機関として，「小学校教育の基礎の上に，中学校教育を通じて身に付けるべき資質・能力を明確化」するとともに，そうした資質・能力の「その育成を高等学校教育等のその後の学びに円滑に接続させていくことが求められている」と述べ，新学習指導要領でも「現行学習指導要領の各教科等の授業時数や指導内容を前提とし

つつ，高等学校における新たな教科・科目構成との接続を含め，小・中・高等学校を見通した改善・充実の中で，中学校教育の充実を図っていくことが重要である」と学校段階間の連携を視野に入れた教育課程編成の必要性を述べている。

　また今回，「中学生の時期は，生徒自身の興味・関心に応じて，部活動などの教育課程外の学校教育活動や，地域の教育活動など，生徒による自主的・自発的な活動が多様化していく段階にある」とされ，「少子化や核家族化が進む中にあって，中学生が学校外の様々な活動に参加することは，ともすれば学校生活にとどまりがちな生徒の生活の場を地域社会に広げ，幅広い視野に立って自らのキャリア形成を考える機会となることも期待される」と述べられていることにも注目したい。学校と家庭，地域社会が育成をめざす資質能力という教育目標を共有しながら「それぞれの役割を認識し，共有した目標に向かって，共に活動する協働関係を築いていくことが重要である」という視点は，「社会に開かれた教育課程」の理念を実現するための必須の条件であるといえるだろう。

　つぎに高等学校教育の基本については，「学校卒業後の約98％の者が進学し，社会で生きていくために必要となる力を共通して身に付ける，初等中等教育最後の教育機関である。その教育を通じて，一人一人の生徒の進路に応じた多様な可能性を伸ばし，その後の高等教育機関等や社会での活動へと接続させていくことが期待されて」いるとされる。今回の学習指導要領改訂に向けては「高大接続改革」（高等学校教育，大学教育，大学入学者選抜の一体改革）の議論にみられるように初等中等教育と高等教育の連携が課題として提起されたこと，また「学校教育と社会をつなぐキャリア教育」についてもその充実が議論されたこと，そのうえで「各学校が，社会で生きていくために必要となる力を共通して身に付ける『共通性の確保』の観点と，一人一人の生徒の進路に応じた多様な可能性を伸ばす『多様性への対応』の観点を軸としつつ，育成を目指す資質・能力を明確にし，それらを教育課程を通じて育んでいくことが重要である」とされたことを確認しておこう。「共通性の確保」と「多様性への対応」を軸に，

表 10.1　高等学校における教科・科目の構成と標準単位数の変遷

告示	1978 (1982)	1989 (1994)	1999 (2003)	2009 (2013)	2018 (2022)
国語	国語表現　2	国語表現I　2	国語表現I△　2	国語総合◎　4	現代の国語◎　2
		現代語		国語表現　3	言語文化◎　2
	国語I◎　4	国語I◎　4	国語表現II　2	現代文A　2	論理国語　4
	国語II　4	国語II　4	国語総合◎　4	現代文B　4	文学国語　4
	現代文　4	現代文　4	現代文　4	古典A　2	国語表現　4
	古典　3	古典I　3	古典　4	古典B　4	古典探究　4
		古典II　3	古典講読　2		
		古典講読　2			
地理歴史	世界史　4	世界史A□　2	世界史A□　2	世界史A□　2	地理総合◎　2
		世界史B□　4	世界史B□　4	世界史B□　4	地理探究　3
	日本史　4	日本史A□　2	日本史A□　2	日本史A□　2	歴史総合◎　2
		日本史B□　4	日本史B□　4	日本史B□　4	日本史探究　3
	地理　4	地理A◇　2	地理A◇　2	地理A◇　2	世界史探究　3
		地理B◇　4	地理B◇　4	地理B◇　4	
公民	現代社会◎　4	現代社会▲　4	現代社会▲　4	現代社会▲　4	公共◎　2
	倫理　2	倫理△　2	倫理△　2	倫理△　2	倫理　2
	政・経　2	政・経△　2	政・経△　2	政・経△　2	政治・経済　2
		現社か倫+政経	現社か倫+政経	現社か倫+政経	
数学			数学基礎　2	数学活用　2	
	数学I◎　4	数学I◎　4	数学I◎　3	数学I◎　3	数学I◎　3
	数学II　3	数学II　3	数学II　4	数学II　4	数学II　4
	代数・幾何　3	数学III　3	数学III　3	数学III　5	数学III　3
	基礎解析　3	数学A　2	数学A　2	数学A　2	数学A　2
	微分・積分　3	数学B　2	数学B　2	数学B　2	数学B　2
	確率・統計　3	数学C　2	数学C　2		数学C　2
理科	理科I◎　4	総合理科△　4	理科基礎△　2	科学と人間生活□　2	科学と人間生活□　2
	理科II　2		理科総合A△　2		
			理科総合B△　2		
	物理　4	物理IA△　2	物理I△　3	物理基礎□　2	物理基礎□　2
		物理IB△　4	物理II　3	物理　4	物理　4
		物理II　2			
	化学　4	化学IA□　2	化学I△　3	化学基礎□　2	化学基礎□　2
		化学IB□　4	化学II　3	化学　4	化学　4
		化学II　2			
	生物　4	生物IA△　2	生物I△　3	生物基礎□　2	生物基礎□　2
		生物IB△　4	生物II　3	生物　3	生物　4
		生物II　2			
	地学　4	地学IA☆　2	地学I△　3	地学基礎□　2	地学基礎□　2
		地学IB☆　4	地学II　3	地学　4	地学　4
		地学II　2	理科課題研究　1		
		2区分で2科目選択	△区分から1科目を含み2科目選択	※	※
保健体育	体育◎　7~9	体育◎　7~9	体育◎　7~8	体育◎　7~8	体育◎　7~8
	保健◎	保健◎	保健◎	保健◎	保健◎
芸術	音楽I△　2	音楽I△　2	音楽I△　2	音楽I△　2	音楽I△　2
	音楽II　2	音楽II　2	音楽II　2	音楽II　2	音楽II　2
	音楽III　2	音楽III　2	音楽III　2	音楽III　2	音楽III　2
	美術I△　2	美術I△　2	美術I△　2	美術I△　2	美術I△　2
	美術II　2	美術II　2	美術II　2	美術II　2	美術II　2
	美術III　2	美術III　2	美術III　2	美術III　2	美術III　2
	工芸I△　2	工芸I△　2	工芸I△　2	工芸I△　2	工芸I△　2
	工芸II　2	工芸II　2	工芸II　2	工芸II　2	工芸II　2
	工芸III　2	工芸III　2	工芸III　2	工芸III　2	工芸III　2
	書道I△　2	書道I△　2	書道I△　2	書道I△　2	書道I△　2
	書道II　2	書道II　2	書道II　2	書道II　2	書道II　2
	書道III　2	書道III　2	書道III　2	書道III　2	書道III　2
外国語	英語I　4	英語I　4	英語I　4	コミュニケーション英語基礎　2	英語コミュニケーションI◎　3
	英語II　5	英語II	英語II　4	コミュニケーション英語I◎　3	英語コミュニケーションII　4
	英語IIA　3	オーラルコミュニケーションA	オーラルコミュニケーションI　2	コミュニケーション英語II　4	英語コミュニケーションIII　4
	英語IIB　3	オーラルコミュニケーションB	オーラルコミュニケーションII　4	コミュニケーション英語III　4	論理・表現I　2
	英語IIC　3	オーラルコミュニケーションC	リーディング　4	英語表現I　2	論理・表現II　2
		リーディング◎	ライティング　4	英語表現II　4	論理・表現III　2
		ライティング　4		英語会話　2	
家庭	家庭一般　4（女子のみ）	家庭一般△　4	家庭基礎△　2	家庭基礎△　2	家庭基礎△　2
		生活技術△　4	家庭総合△　4	家庭総合△　4	家庭総合△　4
		生活一般△　4	生活技術△　4	生活デザイン△　4	
情報	—	—	情報A△　2	社会と情報△　2	情報I◎　2
			情報B△　2	情報の科学△　2	情報II　2
			情報C△　2		
理数	—	—	—	—	理数探求基礎　1
					理数探求　2~5
総合	—	—	総合的な学習の時間◎　3~6	総合的な学習の時間◎　3~6	総合的な探究の時間◎　3~6
卒業単位	80	80	74	74	74

◎－必修

△, □, ◇－選択必修

※ 「科学と人間生活」を含む2科目, または基礎を付した科目を3科目

高等学校において育成をめざす資質・能力をふまえつつ設定された共通教科における教科・科目の構成は表 10.1 のようになっている。読者には，中教審答申に直接あたって新教育課程における教科・科目の構成と標準単位数の趣旨について理解されたい。

4．今後の展望

中教審は 2019（平成 31）年 4 月に文部科学大臣から「新しい時代の初等中等教育の在り方について」諮問を受け，2020 年代を通じて実現をめざす新しい時代を見据えた「令和の日本型学校教育」のあり方について検討作業を続けている。論点は，幼児教育から義務教育，高等学校教育，特別支援教育，外国人児童生徒への教育，ICT を活用した学びのあり方から学校運営・学校施設，そして教師および教職員組織のあり方までたいへん多岐にわたっており，その内容の全貌については近く公表される本答申を待ちたいが，ここでは本章との関係から高等学校教育の改善の方向性について最後に紹介しておこう。

ここではとくに，「高校生の学習意欲を喚起し，可能性及び能力を最大限に伸長するための各高等学校の特色化・魅力化」の議論に注目をしたい。その内容は，①各高等学校の存在意義・社会的役割等の明確化（スクール・ミッションの再定義），②各高等学校の入口から出口までの教育活動の指針の策定（スクール・ポリシーの策定），③「普通教育を主とする学科」の弾力化・大綱化（普通科改革），④産業界と一体となって地域産業界を支える革新的職業人材の育成（専門学科改革），⑤新しい時代にこそ求められる総合学科における学びの推進，⑥高等教育機関や地域社会等の関係機関と連携・協働した高度な学びの提供である。

とくに③にかかわっては，「各設置者が現在の国際社会，国家，地域社会を取り巻く環境や，高校生の多様な実態を踏まえて検討されるものである」としつつも，たとえば以下のものが考えられるとしている。

・現代的な諸課題のうち，SDGs の実現や Society5.0 の到来に伴う諸課題

に対応するために，学際的・複合的な学問分野や新たな学問領域に即した最先端の特色・魅力ある学びに重点的に取り組む学科

・現代的な諸課題のうち，高等学校が立地する地元自治体を中心とする地域社会がかかえる諸課題に対応し，地域や社会の将来を担う人材の育成を図るために，現在および将来の地域社会が有する課題や魅力に着目した実践的な学びに重点的に取り組む学科

・そのほか普通教育として求められる教育内容であって当該高等学校の存在意義・社会的役割などに基づく特色・魅力ある学びに重点的に取り組む学科

高等学校教育の特色化・魅力化をめぐる議論と制度化，そして新しい実践が「社会に開かれた教育課程」の方向に即して今後どのように展開されるのか注目されるところである（本書第12章も参照されたい）。

引用・参考文献

・菱村幸彦（1995）『教育行政からみた戦後高校教育史』学事出版
・山口満（1996）『教育課程の変遷からみた戦後高校教育史』学事出版
・藤田晃之・高校教育研究会編著（2008）『講座　日本の高校教育』学事出版
・鈴木高弘（2004）『熱血！　ジャージ校長奮闘記』小学館
・滝沢和彦編著（2018）『はじめて学ぶ教職①教育学原論』ミネルヴァ書房
・奈須正裕・坂野慎二編著（2019）『教育課程編成論　新訂版』玉川大学出版部
・大桃敏行・背戸博史編（2020）『日本型公教育の再検討』岩波書店

第11章

教科と教科外活動の教育課程

1．争点としての教科と教科外活動

　教育課程は学校教育法施行規則において，教科，道徳，外国語活動，総合的な学習の時間（高等学校は名称を「総合的な探究の時間」に変更），特別活動から編成されることになっている（小学校は第50条，中学校は72条，高等学校は第83条）。それを大きく教科と教科外活動の2つに分けることがある。その場合，教科外活動とは文字どおり，教科以外の総称とされる。

　では，教科，教科以外の活動とは何か。自明のようで実は明確でないことは，2008年版学習指導要領を改訂する過程で問題となった。小・中学校においてこれまで教科外に位置してきた道徳が教科化され，「特別の教科 道徳」となった。これは教科なのか，それとも教科外活動なのか。名称に「教科」とあり，学習指導要領では「道徳科」と表記されている。「教科」に「格上げ」されたともいう。しかし，「特別の」が付けられている。どこが教科と異なるのか。

　また，小学校においては，高学年で教科外に位置づけられてきた「外国語活動」は「外国語科」となった。こちらは教科外から教科へと変更されたことになる。しかし，「外国語活動」は中学年で行われることになったため，小学校の外国語は，教科と教科外活動が併存することになる。

　教科と教科外をそれぞれどう定義し，相違はどこにあると考えるか。そのように分けることにどのような理由があるのか。そもそも分ける必要はあるのか。

　本章では，教科と教科外活動という争点から教育課程について理解を深める。教科とは何か（第2節），教科外活動の教育課程とは何か（第3節）を概説した

うえで，教科と教科外という視座からみえてくる今後求められる教育課程を，「教科等の横断」をキーワードとして展望する（第4節）。以上を通して，教育課程は何から構成されているのか，あるいは構成されるべきかという本質的な問題や，教育課程の現状や課題を明らかにする。

2．教科とは何か

(1) 教科と教科外活動の定義―道徳の教科化における議論

　教科とは何かという問いは，先にも指摘したとおり，道徳の教科化をめぐる議論のなかでクローズアップされることとなった。これまで教科外活動に位置づけられていた道徳を教科にしようとする際，そもそも教科と教科外活動とは何かが改めて問われることになったのである。

　議論の過程で文部科学省は，教科と教科外活動の相違に関する資料を配付している。その資料では，教科の法的定義はないが，一般的に，①免許（中・高等学校においては，当該教科の免許）を有した専門の教師が，②教科書を用いて指導し，③数値等による評価を行うという条件を満たすものとされる。それを前提として，教科と教科外活動の定義を次のように例示している。

　　「教科とは，学校で教授される知識・技術などを内容の特質に応じて分類し，系統立てて組織化したものである。教科指導は系統的に組織化された文化内容を教授することにより，子どもを知的に『陶冶』することを主たる任務とする。

　　これに対し，教科外活動は子どもの自主性を育て，民主的態度や行動力等を形成する『訓育』の課題を果たすことを主たる任務とする。（今野喜清・新井郁男・児島邦宏編『新版学校教育辞典』教育出版，平成15年より抜粋）」

　　　　　　　　　　　　　　（文部科学省，2013：下線部原文，傍点は引用者）

　教科は，「学校で教授される知識・技術などを内容の特質に応じて分類し，系統立てて組織化したもの」と定義されている。ここでいう「内容の特質」とは，学問（「ディシプリン」ともいう），科学技術，芸術などの文化遺産に対応し

ている。たとえば数にかかわる「特質」を備えた「内容」は，主に数学に関連する学問（ディシプリン）に基づいて選択・組織され，「算数・数学」という「教科」として区分される。芸術を中軸として選択・組織されたのが，「音楽」や「美術」といった教科である。

　ここで教科と教科外活動を分ける1つの視点となっているのが，先の引用文にある「陶冶・」と「訓育・」である。ここで文部科学省が引用している『新版学校教育辞典』では，「陶冶」は「知識・技能の教育」，「訓育」は「人格の教育」，もっといえば，「児童生徒の情意に直接働きかけて徳性の涵養，道徳的習慣の形成を図るもの」とされる。

　以上を整理すると，端的にいえば，教科は，文化内容や知識・技術（技能）の教育（陶冶）に，教科外活動は，自主性や民主的な態度・行動力のような徳性，道徳的習慣の教育（訓育）に主眼をおいている。

(2)　教科の種類

　教育課程を構成する教科は，学校教育法施行規則に定められている。義務教育段階についていえば，小学校における教科は，国語，社会，算数，理科，生活，音楽，図画工作，家庭，体育，外国語の10教科である。中学校における教科は，必修教科と選択教科に分かれている。必修教科は，国語，社会，数学，理科，音楽，美術，保健体育，技術・家庭，外国語から構成される。選択教科は，地域，学校，生徒などの実態を考慮して各学校が適切に定める。

　同じ教科であっても，国語，社会，算数，理科などは主要教科，それ以外の音楽，図画工作・美術，家庭，体育などは実技教科と呼ばれることがある。小学校は主要4教科，中学校は英語を加えて主要5教科となる。英語が高学年から教科となったので，小学校も主要5教科になったともいえる。

　教科の役割や機能からの分類もある。「用具教科」または「道具教科」（国語，算数のように，ほかの教科を学ぶうえでの手段や基礎となる教科），「内容教科」（地理，歴史，社会，理科，家庭のように，学ぶ内容が重要になる教科），「表現教科」（音楽，図画工作のように，歌う・聴く・描くなどの表現や感情をはたらかせる教科）

などに分けられる。

　なお，教科の類似概念である「科目」とは，教科の下位区分である。たとえば，高等学校の教科としての理科は，物理，化学，生物，地学（「物化生地」）といった「科目」に区分されている。「教科目」は，教科の旧称（小学校令施行規則，1900（明治33）年）でもあり，第二次世界大戦前までは教科と同じ意味で使用されたといわれる。「学科」は，学校で教える教科や科目を意味する。

(3)　教育課程における「特別の教科　道徳」の位置

　「特別の教科　道徳」は，2017年学習指導要領改訂をまたずに改訂され，2018年から小学校で，2019年から中学校で実施されている。小・中学校で各学年週1コマ行われるのは変わらない。

　今回道徳が「教科」とはならなかった主たる理由は，先に示した教科の3つの条件のうち，①免許を有した専門の教師，③数値等による評価の2つを満たしていないことにある。道徳科の教員免許はなく，基本的には担任が教えることになっている。また，道徳性は数値での評価にはなじまないとされる。学習指導要領では，児童生徒の「学習状況や道徳性に係る成長の様子を継続的に把握し，指導に生かすよう努める必要がある。ただし，数値などによる評価は行わないものとする」と記されている。

　教科書は作成されるので，②教科書を用いて指導するという条件はクリアされた。これまでにも道徳の授業の教材に「副読本」があった。「こころ（心）のノート」や，その改訂版「わたし（私）たちの道徳」も「副読本」である。

　教科書は，「小学校，中学校，高等学校，中等教育学校及びこれらに準ずる学校において，教育課程の構成に応じて組織排列された教科の主たる教材として，教授の用に供せられる児童又は生徒用図書であり，文部科学大臣の検定を経たもの又は文部科学省が著作の名義を有するもの」と法的に規定されている（教科書の発行に関する臨時措置法第2条）。これによると，教科書とは，教科を教える「主たる教材」である。教材には，資料集，問題集，ワークブック，関連する書籍などの図書や，テレビ，ビデオ・DVD，模型などあるが，そのな

かでも教科書は中心的な役割を果たす。使用義務もある（学校教育法第34条）。

　免許，評価，教科書という教科の条件からすれば，「特別の教科　道徳」は，教科と教科外活動の間に位置している。教科書が作成できる程度に内容は明示するが，免許と評価においてはほかの教科と同等には扱えないとみなされている。

　道徳の目標は，「自己（中学校は「人間として」）の生き方を考え，主体的な判断の下に行動し，自立した人間として他者と共によりよく生きるための基盤となる道徳性を養うこと」と簡潔に記されることになった。改善点としては，①生活とかけ離れた他人事の道徳から，自己として，人間として生きることと結びついた道徳を身につけるために，②どう振る舞うか判断して行動できる道徳や，③判断・行動を他の人と議論し，自己と他者がよりよく生きられるようにする道徳がいっそう重視されている。そのような道徳の在り方を示す標語が「考え，議論する道徳」であり，そうすることで「主体的・対話的で深い学び」を目指す教育課程に道徳教育を新たに位置づけている。

3．教科外活動の教育課程

（1）　教科外活動の成立と現状

　そもそも教科外活動という枠組みが設けられるようになった背景には，教科だけでは十分な教育課程を編成しえないという反省がある。たとえば，学級の規則を身につけるためには，規則を知識として頭に入れるだけでは不十分である。学級での生活や体験を通して学び，実際に生かせるようにする必要がある。また，自分の知りたいことを探究するにも，教科で区分されていては窮屈である。教科では学びきれないことに対応する何かが必要である。その何かは，教科で扱われる知識や技能とかかわりつつも，子ども自身が実際に行う「活動」に基づくべきである。教科外活動が教科とは分けて設定されるようになった理由は，さしあたりそう説明できるだろう。

　教科外活動が教育課程に組み込まれたのは，正式には戦後においてである。

表 11.1　教科外活動の改訂と現状

小学校		中学校		高等学校
2008	2017	2008	2017	2018（変更なし）
道徳	⇒ 特別の教科 道徳	道徳	⇒ 特別の教科 道徳	総合的な探究の時間
外国語活動	⇒ 外国語科（高学年）	総合的な学習の時間	総合的な学習の時間	特別活動
	⇒ 外国語活動（中学年）	特別活動	特別活動	
総合的な学習の時間	総合的な学習の時間			
特別活動	特別活動			

網掛部分＝教科外活動　　⇒変更点

出所：筆者作成

1949（昭和 24）年学習指導要領改訂において，中学校には「特別教育活動」が設けられた。教科の発展学習やクラブ活動を行う時間という主旨で，自由研究という教科も新設された。1951（昭和 26）年の改訂では，小学校の自由研究が「教科以外の活動」となる。ここにおいて教科外活動が成立し，教育課程が教科と教科外活動から構成されることが明確になる。ちなみに，それ以前に教科外は存在しなかったから，「教育課程」ではなく「教科課程」と呼ばれた。

　2017・2018 年の改訂を経て教科外活動は，現状では表 11.1 のようになった。教育課程は，小学校の場合，各教科・特別の教科 道徳・2 領域（特別活動，外国語活動）・1 時間（総合的な学習の時間）から構成される。中学校は各教科・特別の教科 道徳・1 領域・1 時間，高等学校は各教科・1 領域・1 時間である。そのような構成からすれば，教科外活動は各教科以外の，特別活動，外国語活動，総合的な学習・探究の時間からなる。ここでは教科外活動の教育課程について，特別活動，総合的な学習・探究の時間，そして，後述のように教育課程全体を通して扱うことになっている生徒指導を取り上げ，それぞれの目標や内容を中心に概説する。総合的な学習・探究の時間と特別活動については，学習指導要領改訂のポイントの 1 つである「見方・考え方」（第 6 章参照）を確認する。

(2)　総合的な学習の時間（高等学校：総合的な探究の時間）

　総合的な学習の時間は，1998（平成 10）年の学習指導要領改訂において，小

学校３年から高等学校までの全課程で必置となった。2017・2018年学習指導要領では，小学校３年から高等学校まで，週２コマ実施することとなっている。2018年の改訂において，高等学校では「総合的な探究の時間」に名称が変更された。

　以下にみるように，目標は，小・中学校は同一で，高等学校は若干相違する。下線部が相違を示し，続く（　）内は高等学校における目標の文言である。

　　　探究的な（探究の）見方・考え方を働かせ，横断的・総合的な学習を行うことを通して，よりよく課題を解決し，自己の生き方を考えていくための資質・能力（自己の在り方生き方を考えながら，よりよく課題を発見し解決していくための資質・能力）を次のとおり育成することを目指す。

　　(1)探究的な学習の（探究の）過程において，課題の解決（課題の発見と解決）に必要な知識及び技能を身に付け，課題に関わる概念を形成し，探究的な学習のよさ（探究の意義や価値）を理解するようにする。

　　(2)実社会や実生活の中から（実社会や実生活と自己との関わりから）問いを見いだし，自分で課題を立て，情報を集め，整理・分析して，まとめ・表現することができるようにする。

　　(3)探究的な学習（探究）に主体的・協働的に取り組むとともに，互いのよさを生かしながら，積極的に社会に参画しようとする（新たな価値を創造し，よりよい社会を実現しようとする）態度を養う。

　この目標をみると，小・中学校の「探究的な学習」から高等学校の「探究」に至るまでに，「自己の生き方」や「自己の在り方」（自分とは何か，どうあるべきか）を考えることを前提として，①課題を発見して解決する，②実社会や実生活と自己を結びつける，③社会に参画するのみならず，社会それ自体を創造し，よりよくしていけるようにする，といったことがめざされている。それぞれの視点から探究を深めようとしている。

　内容も名称も，各学校が実態に応じて決めることになっているのが，総合的な学習・探究の時間の特徴である。内容に関しては，目標を実現するにふさわしい探究課題として，①国際理解，情報，環境，福祉・健康などの現代的な諸

課題に対応する横断的・総合的な課題，②地域の人々の暮らし，伝統と文化など地域や学校の特色に応じた課題，③児童の興味・関心に基づく課題などが例示されている。これらを参考にして，学校，教師，児童生徒が，地域と連携・協力しつつ，教科を横断して総合的に学習するところに，総合的な学習・探究の時間の特質があるとされる。

　総合的な学習・探究の時間独自の「見方・考え方」は，そのような学習を通して，課題を発見して解決するとともに，自分がどう生きるか，さらには自分とは何かを考える探究の過程にある。それは主体的・対話的で深い学びの方法とも親和的であることから，2017・2018 年の改訂の要となることが期待されている。その期待は，2019 年度からの新しい教職課程において，「総合的な学習の時間の指導法」が必修となったことにも示される。

(3)　特別活動

　特別活動は，①学級活動（小・中）・ホームルーム活動（高），②児童会活動（小）・生徒会活動（中），③クラブ活動（小のみ），④学校行事（儀式的行事，文化的行事，健康安全・体育的行事，旅行（小は遠足）・集団宿泊的行事，勤労生産・奉仕的行事）という，下線を引いた 4 つの区分から構成される。

　このうち学級活動については週 1 コマ，年間 35 コマ（小学校 1 年は 34 コマ）が用意されている。そのほかの児童会・生徒会活動，クラブ活動，学校行事については，内容に応じて適切な授業時数を充てることになっている。

　「クラブ活動」は小学校のみ教育課程に含まれる。1989 年の改訂で中・高等学校では「部活動」で代替可能とされ，次の改訂（中は 1998 年，高は 1999 年）では廃止となった。

　「部活動」は「クラブ活動」と混同されやすいが，「教科外活動」ではなく「教育課程外活動」であり，学習指導要領に明確に位置づけられているとは言い難いのが現状である。それもあって，教師の負担，体罰，いじめなどさまざまな問題が起きており，改善が迫られている。

　特別活動の目標は，次のとおり小・中・高等学校でほぼ同一であるが，下線

部は相違点で，続く（　）内は中学校と高等学校における文言である。

　　集団や社会の形成者としての見方・考え方を働かせ，様々な集団活動に
　自主的，実践的に取り組み，互いのよさや可能性を発揮しながら集団や自
　己の生活上の課題を解決することを通して，次のとおり資質・能力を育成
　することを目指す。
　⑴多様な他者と協働する様々な集団活動の意義や活動を行う上で必要とな
　　ることについて理解し，行動の仕方を身に付けるようにする。
　⑵集団や自己の生活，人間関係の課題を見いだし，解決するために話し合
　　い，合意形成を図ったり，意思決定したりすることができるようにする。
　⑶自主的，実践的な集団活動を通して身に付けたことを生かして，集団や
　　社会における（立体的に集団や社会に参画し：高）生活及び人間関係をよ
　　りよく形成するとともに，自己の（人間としての：中）生き方（在り方生
　　き方：高）についての考え（自覚：高）を深め，自己実現を図ろうとす
　　る態度を養う。

　特別活動固有の「見方・考え方」は，「集団や社会の形成者としての見方・
考え方」とされる。３つの目標は主に，⑴は人間関係，⑵は社会参画，⑶は自
己実現にかかわる。特別活動ならではの「見方・考え方」を働かせながら，そ
の３つを育成することがめざされている。

⑷　生徒指導

　生徒指導とは，「一人一人の児童生徒の人格を尊重し，個性の伸長を図りな
がら，社会的資質や行動力を高めることを目指して行われる教育活動」とされ
る（文部科学省『生徒指導提要』2010）。「個性」を伸ばしながら「社会的資質」
を高めて「行動」できるようにするのが生徒指導の目標である。その前提とし
て，子どもの人格の尊重という理念が掲げられている。
　教育課程編成の一般方針である小・中学校の「学習指導要領解説　総則編」
では，生徒指導について教育課程とかかわって，次のことが指摘されている。
　第一に，「自己実現」あるいは「自己指導力」をめざしており，そのために

は単なる問題行動への対応であってはならない。この指摘は，現状の生徒指導のあり方に対する反省といえるだろう。

　第二に，「学校の教育活動全体を通じ」て行う。これは道徳教育の原則でもある。ただし，時間割に道徳の時間のように生徒指導の時間が設けられているわけではない。そこにみるように，道徳は計画的であるのに対して，生徒指導は生活上の具体的な問題に対して適宜援助や指導を行うことが多く，偶発性が高い。

　第三に，生徒指導の要とされるのは，「a．児童生徒理解の深化，b．教師と児童生徒の信頼関係の構築，c．成長を促すような児童生徒の相互の人間関係の形成，d．分かる喜びや学ぶ意義を実感できる授業」である。生徒指導を軸としてそれらを，各教科やほかの教科外活動と関連づけて実現することが求められている。とくにd．は教科との関係が深い。授業の充実がなによりも，子どもが存在感を実感し，共感的な人間関係を育み，自己実現を図り，問題行動を予防することにつながるとされる。

4．横断する教育課程へ

(1)　教科と教科外活動に分ける理由

　上述のように，教科と教科外活動という論点から教育課程を検討すると，その2つに分ける理由がみえてくるだろう。膨大な文化遺産を，限られた時間で効率的・効果的に教え学ぶためには，教科という枠組みが必要かつ有効である。その一方で，子どもの生活と結びつけたり，体験的に学んだりしやすいように，教科とは異なる枠組みが教科外活動として用意されてきた。その2つの枠組みで教育課程は構成されつづけてきたし，これからも大きく変わることはないだろう。

　ただし，2017・2018年の改訂では，その2つの狭間に位置するような領域が設定されることになった。その設定においては，教科とは何かが改めて問われていた。そもそも教科は，人類の歴史において学校で教育を行うために「発

明」された人工物の1つであり，その定義も区分も，一定の時間を経て普遍性を獲得してきてはいるものの，絶対的ではない。今回の「特別の教科 道徳」の新設や，小学校教育課程における「外国語科」と「外国語活動」の併置という事態は，教科とは何かは，時代や社会の状況や要請などによって可変的であることの証左といえるだろう。教科の区分や教科と教科外に分ける理由も，繰り返し問い直される必要がある。

(2) 教科等横断的な教育内容の提案

教科と教科外活動にかかわる改善の方向性として，2017・2018年の改訂では，「教科等横断的な学習を充実する必要」が説かれている（「幼稚園教育要領，小・中学校学習指導要領等の改訂のポイント」）。たしかに，第6章で論じたように，「資質・能力」は教科の内外を問わず教育課程全体で育成が求められる。「汎用的スキル」は，教科の内外，実社会や実生活で使用できる技能をさす。

その一環として学習指導要領に，教科等を横断する教育内容を小・中学校の教育課程から抽出した一覧が，付録として掲載されることになった（学習指導要領総則「現代的な諸課題に関する教科等横断的な教育内容」）。たとえば「主権者に関する教育」では，小学校では社会科，特別の教科 道徳，特別活動から，中学校ではその3つに加えて理科，技術・家庭科から，関連する教育内容が抽出されている。選挙年齢が18歳になったことをふまえ，高等学校以前の小・中学校段階から主権者教育を，教科等を横断して行うことが意図されている。そのほかにも「現代的な諸課題」として，「消費者」「法」「知的財産」「郷土や地域」「海洋」「環境」「放射線」「生

図11.1　新しい学習指導要領で目指す学びを体感！オリンピック・パラリンピックのメダルをつくるなら

出所：文部科学省（2019）

命の尊重」「心身の健康の保持増進」「食」「防災を含む安全」などが取り上げられている。いずれも緊要な課題であり，教科等を超えて学習を充実させようとしている。

このような教科等を横断する学びは，2017・2018年学習指導要領の教育課程がめざす学びそのものでもある。図11.1は，社会に出てからも生かせる汎用性の高い学びの例として，オリンピック・パラリンピックのメダルづくりを図解したものである。各教科や教科外活動での総合的な学びが，「新しい学習指導要領で目指す学び」として例示されている。

(3) 教科の内外を横断する―オキュペーション，市民科，プロジェクト

このように現在の教育課程改革の主眼となっている横断は，公教育が成立して以来一貫してめざされてきたことでもある。1つの課題に教科等を横断して取り組むことは，「経験カリキュラム」（第1章参照）と呼ばれる教育課程編成で古くから試みられてきた。

その実践の先駆を開いた一人であるデューイ（Dewey, J.）は，シカゴ大学付属学校で，衣食住にかかわる活動をカリキュラムの中心に据える実験を行った。図11.2はそのカリキュラムのイメージ図である。たとえば，料理をしながら，食材となる動植物がどこからきたのか（地理，植物，動物），材料の成分（化学），料理にかかわる数の数え方（算数）といったことを学ぶ。それを通して子どもたちは，知識や技能を自分の手と頭と体を使って用いながら身をもって学ぶ。また，教師やほかの子どもとコミュニケーションをとったり協力したりすることも学ぶ。それは知徳体が一体となった，総合的な学びであった。デューイはこの独自の活動を「オキュペーション（仕事，職業）」と呼んだ。

その理論と実践は，デューイの主著『学校と社会』から知ることができる。

図11.2 「実験学校での当初のカリキュラムイメージ」

出所：森久佳（2002），p. 26

『学校と社会』が示唆する教科等の横断は，理論的にも実践的にも，そう単純ではない。デューイは学校での学びを，単なる暗記とすることなく，今を生きる子どもが必要性を感じながら，しかも将来社会に出て生きていくうえで役立つようにしようとした。そのために，子どもの生活経験に根ざし，教科等を横断するカリキュラムを提起した。横断する大前提として，書名が示すように，子どもが生きる学校と社会を結びつけるために，学校を社会のなかに位置づけるべきことを説く。また，学校における子どもの生活や学びについて，主に興味・衝動・本能という観点から理解を深めている。

　そのように教科等を横断する試みは現在も継続されている。たとえば，東京都品川区は 2004 年度から道徳，総合的な学習の時間，特別活動を統合した教科として，「市民科」を実施している。「市民科」は，社会規範や倫理観などの普遍的な価値を重視しつつ，主体的に行動できる力や，自己と社会をともに生かせる力をもった市民の育成を目的としている。経験主義的な教科等を横断するカリキュラム改革といえよう。

　このような市民育成は過去においても，デューイに師事したキルパトリック（Kilpatrick, W. H.）が開発したプロジェクト・メソッドの理論を応用して，「市民性プロジェクト」として実践された。それは社会科を中心として，労働問題や世界大戦のような時事問題について主体的・協同的に答えを探究する，教科と教科外を超えた取り組みであった（佐藤，2018）。そのもとになったプロジェクト・メソッドを継承・発展させた，プロジェクト型学習（project-based learning：PBL）の研究や実践も推進されている。

　そのようなプロジェクトにおける学びもまた，「教科等横断的な学習」や，「新しい学習指導要領で目指す学び」を，教科と教科外活動を統合して実現するうえでのモデルとなるだろう。キルパトリックはプロジェクトを，ある目的を，社会的環境において，専心的に（つまり高い関心や集中力をもって没頭する）達成しようとする活動と定義した。教科の内も外もなくプロジェクトに従事するなかで，目的を達成するうえでの主体性，集団で目的を達成しようとする際に求められる対話，専心性に支えられた深い学びを，総合的に実現することが期

待されるのである。

　教育課程を教科と教科外活動に分ける意味を押さえつつも，両者を超えて横断する教育課程を編成することは，古くて新しい課題である。先駆的な試みに学びながら，時代や社会に合わせてその課題に挑みつづけることが求められる。

引用・参考文献
・文部科学省（2013）「資料 2-2『教科』について」道徳教育の充実に関する懇談会（第 8 回）配付資料 https://www.mext.go.jp/b_menu/shingi/chousa/shotou/096/shiryo/attach/1340551.htm
・文部科学省（2019）「新しい学習指導要領で目指す学びを体感！オリンピック・パラリンピックのメダルをつくるなら」https://www.mext.go.jp/component/a_menu/education/micro_detail/__icsFiles/afieldfile/2019/02/08/1413516_005.pdf
・森久佳（2002）「デューイ・スクール（Dewey School）におけるカリキュラム開発の形態に関する一考察—初期（1896〜98 年）の活動例を中心として」『教育方法学研究』第 28 巻，p. 23-33
・ジョン・デューイ／市村尚久訳（1998）『学校と社会・子どもとカリキュラム』講談社
・佐藤隆之（2018）『市民を育てる学校—アメリカ進歩主義教育の実験』勁草書房

第**12**章

〜〜〜〜〜〜

地域と協働した教育課程編成

1. 学校と家庭・地域社会の連携の模索
―1998 年学習指導要領のもとで

〜〜〜〜〜〜〜〜〜〜〜〜〜〜〜〜〜〜〜〜〜〜〜〜〜〜〜〜〜〜〜

　学校と地域社会の連携については，学校だけが教育の場ではなく，家庭や地域が従来担ってきた，あるいは本来的に担うべき教育をそれらに委ねるべきであるという主張は以前からあった。本節ではまず，こうした主張の流れについて振り返ってみよう。

　はじめに，「生きる力」の理念を打ち出した 1996（平成 8）年の中教審答申「21 世紀を展望した我が国の教育の在り方について（第 1 次答申）」を取り上げる。同答申では，子どもたちの生活と家庭や地域社会の現状として，子どもについては「ゆとり」のない生活を送っており，家庭や地域社会についてはその教育力は低下している，との現状認識を述べ，国際化・情報化，少子高齢化などがさらに進展する「変化の激しい，先行き不透明な，厳しい時代」が予想されるこれからの社会における教育のあり方の基本的方向性を「生きる力」をはぐくむことに見いだした。そして，「[生きる力]をはぐくむに当たって特に重要な「視点」の第一に，「学校・家庭・地域社会の連携と家庭や地域社会における教育の充実」をあげたのである。

　　まず第一は，学校・家庭・地域社会での教育が十分に連携し，相互補完しつつ，一体となって営まれることが重要だということである。教育は，言うまでもなく，単に学校だけで行われるものではない。家庭や地域社会が，教育の場として十分な機能を発揮することなしに，子供の健やかな成

長はあり得ない。［生きる力］は，学校において組織的，計画的に学習し
つつ，家庭や地域社会において，親子の触れ合い，友達との遊び，地域の
人々との交流などの様々な活動を通じて根づいていくものであり，学校・
家庭・地域社会の連携とこれらにおける教育がバランスよく行われる中で
豊かに育っていくものである。特に，［生きる力］の重要な柱が豊かな人
間性をはぐくむことであることを考えると，現在，ややもすると学校教育
に偏りがちと言われ，家庭や地域社会の教育力の低下が指摘されている我
が国において，家庭や地域社会での教育の充実を図るとともに，社会の幅
広い教育機能を活性化していくことは，喫緊の課題となっていると言わな
ければならない。(後略)

　このあと同答申は「学校・家庭・地域社会の連携」に一章を充て，とくに配
慮しなければならない点として以下の5点を指摘している。

　第一に，「開かれた学校」である。いじめや登校拒否などの問題を学校内だ
けで解決しようとするのではなく，「保護者や地域の人々に，自らの考えや教
育活動の現状について率直に語るとともに，保護者や地域の人々，関係機関の
意見を十分に聞くなどの努力を払う必要がある」。また，地域の人に非常勤講
師や学校ボランティアなどで教職してもらうなど，「地域の教育力」を生かす。
さらに学校は，「学校施設の開放や学習機会の提供などを積極的に行」うなど，
「地域コミュニティの拠点」とすべきである。

　第二に，「学校のスリム化」の視点である。たとえば，「日常の生活における
しつけ，学校外での巡回補導指導など，本来家庭や地域社会で担うべきであり，
むしろ家庭や地域社会で担った方がよりよい効果が得られるもの」は，家庭や
地域社会が積極的に役割を担っていく。部活動についても，「地域社会におけ
る条件整備を進めつつ」「地域社会にゆだねることが適切かつ可能なものはゆ
だねていくことも必要である」。

　以下答申は，ボランティアや文化・スポーツ活動等学校外活動の評価や
PTA活動の活性化，教育委員会の活性化の視点をあげている。

　この中教審答申を受けて，1998（平成10）年学習指導要領のもととなった同

年7月の教育課程審議会答申では,「7　家庭及び地域社会における教育との連携」として以下のように述べられていた。

　　学校は，家庭や地域社会とともに幼児児童生徒を育てていくという視点に立って，開かれた学校づくりを一層進めていく必要がある。このためには，校長をはじめすべての教職員が自らの責任を自覚し，教育方針や特色ある教育活動の取組，幼児児童生徒の状況など学校教育の状況等を家庭や地域社会に説明し，理解を求め協力を得るとともに，保護者や地域の人々との意思疎通を十分図ることが大切である。さらに，地域の人々の積極的な協力を得たり，地域の施設や環境などを学校の教育活動に生かしたりするなど，家庭や地域社会の支援を受けることも大切である。

　　また，休業日を含め学校施設の開放や，地域の人々や幼児児童生徒向けの学習機会の提供を積極的に進める必要がある。家庭や地域社会には，幼児児童生徒が多様な生活体験，ボランティアなどの社会体験や自然体験，文化・スポーツ活動などを行えるよう，様々な団体が提供するそれらの活動機会をも活用しつつ，活動の場や機会を充実するよう求めたい。その際，特に，休業日などに家庭に保護者がいない幼児児童生徒に対する配慮が必要である。

　　夏休みなどの長期休業期間中は，生活体験，社会体験，自然体験などを味わうことのできる貴重な期間であり，例えば，豊かな自然の中で長期間日常と異なる生活体験を味わったり，異年齢集団での様々な体験活動や世代を超えた交流活動を行ったり，親子が共同の体験活動や交流活動を行うことを通して親子の絆を深めたり，図書館や博物館などに出かけ普段学校では行うことのできない様々な学習活動をしたりするまたとない機会である。家庭や地域社会においては，夏休みなどの長期休業期間中のもつこのような意義を積極的に活用するとともに，関係機関においてはこのような機会が積極的に生かされるよう事業の充実に努めること，各職場における理解と協力が望まれる。

　　完全学校週5日制の実施に伴い，家庭や地域社会における幼児児童生徒

の様々な活動や体験の場や機会を充実するに当たり，教師もその趣旨を踏
　まえた対応をすることが求められる。例えば，教師も，地域社会の一員と
　して地域の活動にボランティアとして参加したり，地域社会の幼児児童生
　徒との触れ合いを深めたりすることが期待される。
　　　また，地域の実態等に応じ，学校施設を活用して幼児児童生徒や地域の
　　人々が参加しやすい文化・スポーツ活動など学習活動や体験活動が活発に
　　行われることも期待したい。

　このように，1990年代半ばから1998年学習指導要領実施（2002年4月）に
いたる時期の「学校と家庭・地域社会の連携」のキーワードの1つが「開かれ
た学校」であったが，その内実は，学校による情報公開と地域の教育力（人的・
物的リソース）の活用，学校週5日制の完全実施を受けての学校施設の開放や
学校外の団体，社会教育施設の提供する教育機会の活用，スポーツ系部活の社
会体育への委譲などであったと整理することができるだろう。

　この時期，学校が地域の人々とかかわる機会が増えたことについて補説して
おく。第一に，本書第10章でも紹介したが，1998年学習指導要領で「総合的
な学習の時間」が新設されたことである。「総合的な学習の時間」の創設の趣
旨について上記の教育課程審議会答申は以下のように述べている。

　　　「総合的な学習の時間」を創設する趣旨は，各学校が地域や学校の実態
　　等に応じて創意工夫を生かして特色ある教育活動を展開できるような時間
　　を確保することである。
　　　また，自ら学び自ら考える力などの［生きる力］は全人的な力であるこ
　　とを踏まえ，国際化や情報化をはじめ社会の変化に主体的に対応できる資
　　質や能力を育成するために教科等の枠を超えた横断的・総合的な学習をよ
　　り円滑に実施するための時間を確保することである。

　そして，この時間の学習活動については，「地域や学校の実態に応じ，各学
校が創意工夫を十分発揮して展開するものであり，具体的な学習活動としては，
①例えば国際理解，情報，環境，福祉・健康などの横断的・総合的な課題，②
児童生徒の興味・関心に基づく課題，③地域や学校の特色に応じた課題などに

ついて，適宜学習課題や活動を設定して展開するようにすることが考えられる。その際，自然体験やボランティアなどの社会体験，観察・実験，見学や調査，発表や討論，ものづくりや生産活動など体験的な学習，問題解決的な学習が積極的に展開されることが望まれる」とした（番号は引用者）。もともとは，「生きる力」が全人的なものとして考えられており，加えて国際化や情報化をはじめとする特定の教科等の学習のみに還元できないこれからの問題に対応できる資質・能力をはぐくむことをめざした「総合」の時間であるが，①で例示された国際理解，情報，環境，福祉・健康などについて，大学等で専門に学修してきた教師は多くはなく，大半の教師は新しい教育内容を初めから研究する必要があった。しかし，学校の外にはその道の専門家がたくさんいるのである。たとえば，河川は環境問題の教材としてしばしば取り上げられるが，地域の河川事務所の担当者がゲスト講師として教室に呼ばれたりする，こうした機会が増えたと思われる。

　第二に，不登校や校内暴力，学級崩壊などの生徒指導上の問題にかかわって，学校の内部でだけ問題解決を図ることの限界が指摘されるようになったことである。神戸の連続殺傷事件は1997（平成9）年，栃木のバタフライナイフによる教師刺殺事件は1998（平成10）年1月，そして学級崩壊を起こした教室にNHKのカメラが入り全国に放送されたのが同年6月のことであった。もちろん学校は自身の責任において問題に取り組もうとしているのだが，問題解決のためにはまず学校の現状を地域に情報公開し，地域の支援を求めるべきだとの論調が高まっていった（筆者自身，当時ある中学校のいじめ問題対策委員としてその学校の様子を丸一日見せてもらった経験がある）。

　第三に，1984〜1987（昭和59〜62）年に設置された臨時教育審議会が「生涯学習体系への移行」を提言したことを受けて，各地の自治体や大学等が多様な生涯学習事業に取り組んだことを指摘しておきたい。誰でもいつでもどこでも学びたいときに学びたいことを学べる生涯学習社会は，また学んだ成果が活かされる社会でもある。この成果を活かすことでできる場の1つが学校なのだった。各自治体の生涯学習関係の部署などで人材バンクの整備が進められること

となった。

　第四に，学校支援ボランティアが盛んになってきたことである。先に引用した1996年の中教審答申においては，「開かれた学校」の論じる文脈で「学校がその教育活動を展開するに当たっては，もっと地域の教育力を生かしたり，家庭や地域社会の支援を受けることに積極的であってほしいと考える。例えば，地域の人々を非常勤講師として採用したり，あるいは，地域の人々や保護者に学校ボランティアとして協力してもらうなどの努力を一層すべきである」と述べるように，地域の人々や保護者，また団体や企業を学校ボランティアとして想定していた。それが2000年代に入るあたりから，教職課程の学生による学校支援ボランティアが一気に盛んになった。当時，教職課程に限らず大学による学生ボランティアへの支援は大きな課題とされていたが，とりわけ教職課程の学生にとっては，教育実習に先立っての教育現場体験はより実践的な教師教育の機会であると考えられた。日本教育大学協会による「教員養成の『モデル・コア・カリキュラム』の検討―『教員養成コア科目群』を基軸にしたカリキュラムづくりの提案―」（2004年3月）が教員養成改革の方向として「教育体験とその省察」を打ち出したことも大きかったと思われる。大学としても実践的な教員養成とともに大学による社会的貢献という観点からも学校支援ボランティアや学校インターンシップを支援し，これを単位化する大学も出てきた。学校に教師以外の者が出入りする光景が普通にみられるようになったのである。

２．保護者・地域社会による学校運営への参加
―学校評議員と学校運営協議会

　つぎに，学校教育法施行規則の改正により2000（平成12）年4月から実施されることになった学校評議員制度についてふれておきたい。

　もともと「開かれた学校」のスローガンは臨時教育審議会（1984〜1987年）の第3次答申において，保護者や住民の意向の反映という文脈で用いられたものであったが，先に引用した1996年の中教審答申や1998年の教育課程審議会

答申ではこうした視点は必ずしも明示されなかった。これに対して，同じく1998年の中教審答申「今後の地方教育行政の在り方について」では，「教育施策の実施に当たって，学校，家庭，地域社会の適切な役割分担の下に，地域住民と連携協力し，地域活力の導入を促進することが必要である」とされ，以下のように「学校評議員」制度の設置を提言したのである。

　　また，学校・家庭・地域社会が連携協力し，相互補完しつつ一体となって子どもの健やかな成長を図るため，各学校においては，PTA活動の活性化や学校区内の各地域における教育懇談会の開催などにより家庭や地域との連携が図られている。今後，より一層地域に開かれた学校づくりを推進するためには学校が保護者や地域住民の意向を把握し，反映するとともに，その協力を得て学校運営が行われるような仕組みを設けることが必要であり，このような観点から，学校外の有識者等の参加を得て，校長が行う学校運営に関し幅広く意見を聞き，必要に応じ助言を求めるため，地域の実情に応じて学校評議員を設けることができるよう，法令上の位置付けも含めて検討することが必要である。

　　また，学校評議員には，学校運営の状況等を地域に周知することなどにより，学校と地域の連携に資することが期待される。

こうして学校や地域の実情に応じて，学校運営に関し保護者や地域住民の意向を把握・反映しながらその協力を得るとともに，学校としての説明責任を果たしていくことができるようにすることをその設置の趣旨とする学校評議員制度が2000（平成12）年1月に学校教育法施行規則改正により制度化され，同年4月から実施されることになった。

地域住民や保護者の経営参加をさらに拡大する仕組みとして導入されたのが学校運営協議会である。こちらは地方教育行政の組織及び運営に関する法律（地教行法）の改正によって2004（平成16）年に制度化された。学校評議員が意見を申し述べることができるだけなのに対して，学校運営協議会は，「対象学校の校長は，当該対象学校の運営に関して，教育課程の編成その他教育委員会規則で定める事項について基本的な方針を作成し，当該対象学校の学校運営協議

会の承認を得なければならない」とされ，さらに「対象学校の職員の採用その他の任用に関して教育委員会規則で定める事項について，当該職員の任命権者に対して意見を述べることができる」，「対象学校の職員の任命権者は，当該職員の任用に当たっては，前項の規定により述べられた意見を尊重するものとする」と規定されることで，一定の権限と責任をもって保護者や地域住民が学校運営に参画する道を開かれた。こうした学校運営協議会を設置する学校を「コミュニティ・スクール」と呼んでいる。

2015（平成27）年12月の中教審答申「新しい時代の教育や地方再生の実現に向けた学校と地域の連携・協働の在り方と今後の推進方策について」では，「開かれた学校」から一歩進んで，新たに「社会とともにある学校」の理念が登場した。答申全体としては，今後の学校と地域の連携・協働のあり方として，すべての公立学校のコミュニティ・スクール化をめざそうという大胆な提言を行ったものである（本答申については後述）。

3．教育基本法改正と2008年学習指導要領

2006（平成18）年，教育基本法が改正されたが，本章の文脈では，「（学校，家庭及び地域住民等の相互の連携協力）」として，以下の第13条が新設されたことが重要である。

> 学校，家庭及び地域住民その他の関係者は，教育におけるそれぞれの役割と責任を自覚するとともに，相互の連携及び協力に努めるものとする。

ただ，翌年に公表された中教審答申「教育基本法の改正を受けて緊急に必要とされる教育制度の改正について」では，学校（大学及び高等専門学校を除く）は，「当該学校の教育活動その他の学校運営の状況について評価を行い，その結果に基づき学校運営の改善を図ることにより，その教育水準の向上に努めなければならないこと」，また学校（大学および高等専門学校を除く）は，「保護者及び地域住民その他の関係者との連携及び協力の推進に資するため，当該学校の教育活動その他の学校運営の状況に関する情報を提供するものとする」とい

った規定を学校教育法に盛るべきであると述べるにとどまっていた。

　また，改正教育基本法などをふまえた学習指導要領改訂であることをうたう2008（平成20）年学習指導要領においても，学校と家庭や地域との連携・協力にかかわる記述はわずかであった。もとになった中教審答申の記述は以下のとおりである。

　　なお，平成19年度予算において「放課後子どもプラン」事業が計上され，土曜日も含む放課後の学習や体験の場の整備が進んでいる。さらに，地域全体で学校教育を支援するため，学校と地域との連携体制の構築を図ることも重要である。また，平成19年2月の内閣府の調査では，平成12年9月に比べ，近所のお祭り，子供会・町内会等の行事，清掃・避難訓練，児童館・公民館の講座や教室といった地元の活動への子どもたちの参加率はそれぞれについてすべて上昇している。このような親や教師以外の地域の大人とのかかわりの充実などの取組が引き続き着実に進展することを期待したい。

4.「社会に開かれた教育課程」と「社会とともにある学校」

　新学習指導要領の全体像については本書の各所で論じられるので，ここでは「社会に開かれた教育課程」において重要とされる3点について引用しておく。

　①社会や世界の状況を幅広く視野に入れ，よりよい学校教育を通じてよりよい社会を創るという目標を持ち，教育課程を介してその目標を社会と共有していくこと。

　②これからの社会を創り出していく子供たちが，社会や世界に向き合い関わり合い，自らの人生を切り拓ひらいていくために求められる資質・能力とは何かを，教育課程において明確化し育んでいくこと。

　③教育課程の実施に当たって，地域の人的・物的資源を活用したり，放課後や土曜日等を活用した社会教育との連携を図ったりし，学校教育を学校内に閉じずに，その目指すところを社会と共有・連携しながら実現さ

せること。

　学校教育がその目標を社会と共有する，という視点が重要なのであるが，こうした視点は 2018 年学習指導要領のもとになった 2016（平成 28）年 12 月の中教審答申の 1 年前に公表された同じく中教審答申「新しい時代の教育や地方創生の実現に向けた学校と地域の連携・協働の在り方と今後の推進方策について」（2015 年 12 月）において提起されたものである。先にも述べたが，同答申は「開かれた学校」から「社会とともにある学校」への転換をめざしてすべての公立学校のコミュニティ・スクール化を提案したものであった。

　　　社会総掛かりでの教育の実現を図る上で，学校は，地域社会の中でその
　　　役割を果たし，地域と共に発展していくことが重要であり，とりわけ，こ
　　　れからの公立学校は，「開かれた学校」から更に一歩踏み出し，地域でど
　　　のような子供たちを育てるのか，何を実現していくのかという目標やビジ
　　　ョンを地域住民等と共有し，地域と一体となって子供たちを育む「地域と
　　　ともにある学校」へと転換していくことを目指して，取組を推進していく
　　　ことが必要である。

　さらに答申は，「学校を核とした地域づくりの推進」として以下のように述べている。

　　　地方創生の観点からも，学校という場を核とした連携・協働の取組を通
　　　じて，子供たちに地域への愛着や誇りを育み，地域の将来を担う人材の育
　　　成を図るとともに，地域住民のつながりを深め，自立した地域社会の基盤
　　　の構築・活性化を図る「学校を核とした地域づくり」を推進していくこと
　　　が重要である。成熟した地域が創られていくことは，子供たちの豊かな成
　　　長にもつながり，人づくりと地域づくりの好循環を生み出すことにもつな
　　　がっていく。

　こうして同答申は，地域における学校との協働体制のめざす姿として，「地域と学校がパートナーとして，共に子供たちを育て，そのことを通じて共にこれからの地域を創るという理念に立つことである。『支援』を超えて，目的を共有し長期的な双方向性のある展望を持った『連携・協働』に向かうことを目

指す」と論じ，これを実現するための仕組みとして学校運営協議（コミュニティ・スクール）と地域学校協働本部の推進を提起したのである。

5．地域の課題に取り組む学校—高校魅力化構想

第10章でもふれたが，2019（平成31）年4月，文部科学大臣は中教審に「新しい時代の初等中等教育について」諮問した。ここでは，諮問のなかで高等学校教育にかかわって「また，高等学校の多様化が進む中で，一部の高等学校では，大学や産業界等との連携の下で様々な教育が展開されていたり，地域社会の課題解決に大きく貢献する活動が実践されていたりする等，先進的な取組が進められています」と述べられていることを紹介しておきたい。「地域社会の課題解決に大きく貢献する活動」を行っている先進的な事例の1つが，島根県の隠岐島前高等学校である。『未来を変えた島の学校』（山内・岩本・田中，2015）は，廃校寸前だった離島の高等学校がどのように変貌を遂げたのか，改革への理念は何か，子どもたちは何を学んだのか，町の動きと地域や行政（県教委）との連携・調整はどのように進められたのかを描いているが，同書によれば，「地域とともにある新しい学校」のイメージとは，「島全体が学校，地域の人も先生」「地域の課題解決に挑戦しながら，生徒たちは自己実現に向け成長する」「地域づくりによるひとづくり」というものだった。

> 島前地域唯一の高等学校である島前高校の存在意義は，地域の最高学府として，地域の医療や福祉，教育，文化の担い手とともに，地域でコトを起こし，地域に新たな生業や事業，産業を創り出していける，地域のつくり手の育成にある。

詳しくはぜひ同書を参照してほしいが，こうした挑戦は近年各地でみられるようになった（地域・教育魅力化プラットフォーム編，2019／大崎海星高校魅力化プロジェクト編著，2020など）。第10章でも紹介したように，「令和の日本型学校教育」に向けた「高等学校の特色化・魅力化」の一環として，現在普通科とひとくくりにされている当該学科の特色・魅力ある教育内容を表現する名称を

学科名とする改革案が提出されており，その例の1つとして「現代的な諸課題のうち，高等学校が立地する地元自治体を中心とする地域社会が抱える諸課題に対応し，地域や社会の将来を担う人材の育成を図るために，現在及び将来の地域社会が有する課題や魅力に着目した実践的な学びに重点的に取り組む学科」があげられている。今後の議論の展開に注目したいところである。

6．学校と地域の連携・協働を円滑に行うための資質

　先に紹介した「学校と地域の連携・協働」答申と同じ2015（平成27）年12月には中教審答申「これからの学校教育を担う教員の資質向上について〜学び合い，高め合う教員育成コミュニティの構築に向けて」も公表されている。教員の養成・採用・研修の一体的改革を標榜し，教職課程における科目の大くくり化および教科と教職の統合などの提案をして教育職員免許法および同法施行規則の改正のもととなった同答申だが，今日の「新たな教育課題」として「アクティブ・ラーニングの視点からの授業改善」「ICTを用いた指導法」「道徳教育の充実」「外国語教育の充実」「特別支援教育の充実」などをあげ，これらへの対応を研修段階とともに教員養成段階にも求めていたことを紹介しておきたい。答申は以下のとおりいう。

　　こうした新たな教育的課題に対応していくためには，保護者や地域の力を学校運営に生かしていく視点も必要である。学校が地域づくりの中核を担うという意識を持ち，学校教育と社会教育の連携の視点から，学校と地域の連携・協働を円滑に行うための資質を養成していくことも重要となってきていることから，教職課程においてその取扱いの充実を図るべきである。

　このように，「学校と地域の連携・協働」を円滑に行う資質が「新たな教育的課題」全体にかかわって必要とされ，その養成が求められているのである。もちろんこれは，「新たな教育的課題」への対応に限った話ではないだろう。「社会に開かれた学校」から「社会とともにある学校」の理念のもと，日々の学習

指導や生徒指導でも，学校内の関係者だけですべての任務を完結するのではなく，情報公開による地域の人的・物的リソースの活用や先に述べた地域の課題の教材化，またスクールカウンセラーやスクールソーシャルワーカー，部活指導員の配置など（チームとしての学校）で，学校と地域の連携・協働の必要性はますます高まっている。本書の読者には，学校と地域の連携・協働について，各種事例報告や大学・自治体の提供する連携事業への参加などを通して多くの事例に親しんでおいてもらいたいと思う。

引用・参考文献
・山内道雄・岩本悠・田中輝美（2015）『未来を変えた島の学校』岩波書店
・地域・教育魅力化プラットフォーム編（2019）『地域協働による高校魅力化ガイド―社会に開かれた学校をつくる』岩波書店
・大崎海星高校魅力化プロジェクト編著（2020）『教育の島発　高校魅力化＆島の仕事図鑑―地域とつくるこれからの高校教育』学事出版
・滝沢和彦編著（2018）『はじめて学ぶ教職①教育学原論』ミネルヴァ書房

第三部
教育課程のマネジメント

> ## 第13章
>
> ## カリキュラム・マネジメントの理論

　カリキュラム・マネジメントは2017年学習指導要領のキーワードの1つである。カリキュラム・マネジメントは,「学校教育に関わる様々な取組を,教育課程を中心に据えながら組織的かつ計画的に実施し,教育活動の質の向上につなげていくこと」(文部科学省,2017,p.39)とされる。本章では,なぜこのような考え方が求められるようになったのか。1990年代以降の教育改革からこの点を検討したのちに,2017年学習指導要領で示されたカリキュラム・マネジメントを検討する。あわせてカリキュラム・マネジメントの可能性と課題について扱うことにする。

　なお,本章で登場する学習指導要領の改訂年は,特段の表記がない場合は小学校のものを記しており,他校種では異なる場合があるので注意してほしい。

1. カリキュラム・マネジメント提唱の背景

　カリキュラム・マネジメントが提唱された背景には,教育における規制緩和とそれに伴う教育課程基準の大綱化がある。1990年代以降,教育分野においても,地方分権を進めて,教育委員会や学校の自主性・自律性を確保し,特色ある教育の推進,特色ある学校づくりによって,教育の質を保障しようとしたのである。

　1996(平成8)年の中教審答申「21世紀を展望した我が国の教育の在り方について」では,「ゆとり」と「生きる力」が提唱された。「生きる力」を育成する柱として,1998年学習指導要領において,小学校3年生以上に「総合的な

学習の時間」が必置の時間として設定されたのである。くわえて 1998（平成
10）年の中教審答申「今後の地方教育行政の在り方について」では，「教育委
員会と学校の関係の見直しと学校裁量権限の拡大」「校長・教頭への適材の確
保と教職員の資質向上」「学校運営組織の見直し」「学校の事務・業務の効率
化」「地域住民の学校運営への参画」の5つについて改善の必要性が指摘された。
学校が地域の実態に応じて，その教育に創意工夫を試みながら「生きる力」の
育成を可能にするため，「学校の自主性・自律性」の尊重をめざしたのである。

　このような背景で新設された総合的な学習の時間（当時）は，各学校におけ
る創意工夫を生かした教育活動とすることができるように，学習指導要領では
各教科等のように具体的な目標と内容の規定はなされず，学習活動の例示にと
どめられた。また検定教科書も作成されなかった。つまり各学校の児童生徒や
地域の実態に応じて，教科等との相互関係を確保しながら，独自の総合的な学
習の時間の創造が求められたのである。それは学校におけるカリキュラムの開
発に他ならない。ここに 2017 年学習指導要領で明示されたカリキュラム・マ
ネジメントの端緒を垣間見ることができるといえる。

2．カリキュラム・マネジメントとは

　カリキュラム・マネジメントについて，冒頭に掲げた定義よりも詳しく述べ
られているのが以下のものである。2016（平成 28）年中教審答申では，「教育
課程とは，学校教育の目的や目標を達成するために，教育の内容を子供の心身
の発達に応じ，授業時数との関連において総合的に組織した学校の教育計画で
あり，その編成主体は各学校である。各学校には，学習指導要領等を受け止め
つつ，子供たちの姿や地域の実情等を踏まえて，各学校が設定する学校教育目
標を実現するために，学習指導要領等に基づき教育課程を編成し，それを実施・
評価し改善していくこと」(p. 23) とされた。このカリキュラム・マネジメン
トを推進していくにあたっては次の3つの側面が示された。

■カリキュラム・マネジメントの３側面

①各教科等の教育内容を相互の関係で捉え，学校教育目標を踏まえた教科
　等横断的な視点で，その目標の達成に必要な教育内容を組織的に配列し
　ていくこと。

②教育内容の質の向上に向けて，子供たちの姿や地域の現状等に関する調
　査や各種データ等に基づき，教育課程を編成し，実施し，評価して改善
　を図る一連のPDCAサイクルを確立すること。

③教育内容と，教育活動に必要な人的・物的資源等を，地域等の外部の資
　源も含めて活用しながら効果的に組み合わせること。

（中教審，2016，pp. 23-24）

　この３側面を要約すれば，すなわち「（社会と共通理解した）学校の教育目標
を達成するために，データでもってPDCAサイクルを回して，学校を取り巻
く諸資源を活用しながら，各教科等を横断した教育課程で教育活動を実施して
いく，ということになる」（安藤，2018, p. 128）。ここで今一度確認したいことは，
これがまったくもって真新しい考え方かどうかということである。1990年代
以降の学校で教育を受けた人であれば，上記３側面について，いずれかの経験
を有しているのではないだろうか。たとえば，①については，総合的な学習の
時間（2018年高等学校学習指導要領より総合的な探究の時間）をはじめとして，
教科等横断の取り組みを経験しているのではないだろうか。②に関しては，小
学校６年生と中学校３年生の４月に，全国学力・学習状況調査を受けただろう。
調査結果は例年夏ごろに報道発表などで全国ランキングとして話題にのぼるこ
とが多いけれども，その本当の目的は学校の教育活動改善のためのデータ収集
にある。そして，③は地域の人がゲストスピーカーとして学校の授業に参加し
たり，逆に地域に出かける学習活動を行ったり，地域の教材を用いた授業を受
けたりした経験があるだろう。こうした経験を日本の学校教育は有してきたの
だが，その程度に差があったり，無意識のうちに行われてきたりしていた。今
回の改訂の背景にはこうした取り組みを，計画的かつ組織的に行うことを強調
した点があると考える。

3. カリキュラム・マネジメントの可能性と課題

(1) カリキュラム・マネジメントの可能性

　カリキュラム・マネジメントの可能性として，1つは各学校における特色あるカリキュラムが学校の特色づくりに寄与することである。カリキュラム・マネジメントの力点は，子どもたちに「生きる力」を育成するにあたって，それぞれの学校が存立する地域の実態や社会状況に鑑みながら教育活動を構想（「社会に開かれた教育課程」）するところにある。そこでカリキュラム・マネジメントの三側面にもある教科等横断の視点とそれに基づく取り組みが注目される。その理由は，各教科や教科外というくくり方は，人類が残してきた知識や技能を何らかのルールで意図的に分類したものであるけれども，しかし学校外の現実世界は各教科／教科外というように理路整然とはしておらず，そこに学校での学びと生活現実との間にギャップが存在するである。児童生徒が生きる地域や社会のリアルに迫るためには，教科等を横断することによって教科等における学習の成果を生かすことが欠かせない。こうした教科等横断の取り組みが各校種において蓄積されつつある。自身の校種でどのような取り組みが行われているか各自で確認してほしい。

　もう1つは，カリキュラムづくりに関する個々の教員の当事者性を醸成できることである。カリキュラム・マネジメントは「各学校が教育目標達成のために，児童・生徒の発達に即した教育内容を諸条件との関わりにおいてとらえ直して，これを組織化し，動態化することによって目標に対応した一定の効果を生み出す直接的教育活動を支える条件整備活動」（中留，2003，p.146）と定義される。「教育の目標＝内容の活動系列と，それを支える条件整備活動の系列との間に対応関係をもたせながらも，それをP－D－S（計画－実施－評価）のサイクルにのせてカリキュラムを動態化させていく経営的思惟（マネジメントマインド）」（同上）である。「動態化」という考えは検証改善サイクル，とくに評価活動を重視することを意味するから（評価については第15章で扱う），開発したカリキュラムを実施しては検証し，改善していくことを意味する。「（学校

の）マネジメント（経営）は校長などの管理職がするものである。だからカリキュラム・マネジメントも同じ。私（一般の教諭）には無関係」ではいけない。上記のカリキュラム・マネジメントの定義からは，自身の授業を，その授業単体としてみるのではなく，学校の教育目標，ほかの教育活動との関係（同教科の別の単元，他教科，他学年など）で考える必要があるだろう。このように考えれば，たとえ若手であっても，学校成員である以上は学校の教育活動全体に意識を向けて，その関係のなかで自身の教育活動を進めていくことがこれまで以上に求められる。ただしここで注意してほしいのは，それが児童生徒の学びに益することを目的として，ほかの教育活動との関係をふまえながら，自身の教育活動の質を向上させることが大切なのである。

(2) カリキュラム・マネジメントの課題

　カリキュラム・マネジメントの課題について，1つは，可能性で言及した教科等横断の取り組みである。こうした取り組みは蓄積されつつあるけれども，現実の学校でそう簡単なことではなく，しかも学校種によって進捗に差のあることが指摘されている（安藤，2020）。

　全教科担任制を採用する小学校では，担任教員がほとんどの教科を担当するから，教科等横断は小学校では担任の裁量の範囲で比較的行いやすいと考えられる。実際，小学校の教員によれば，小学校4年生の理科と算数の間でグラフの扱う時期が異なっており，本来なら算数でグラフの理解をしてから，理科でそれを用いたいが，教科書の配列が逆になっているため，担任の裁量で指導時期を入れ替えたりするという。このように小学校では柔軟な対応が可能になっている（第8章の事例のように，労力が多大なものも当然ある）。

　いっぽう，中等教育は教科担任制を採用しているから，どうしても自教科の都合を考えてしまいがちになってしまう。それが「コマ数の分捕り合い」など，教科間にある利害関係の衝突という形で現れたりしており，どうしてもほかとの関係性に意識を向けがたい現状がある（実は小学校においても，専科教員との調整には困難が伴うという声がある）。ただ，こうした現状においても，高等学

校の教員のなかには，他教科との関係で自身の教育活動を考えたい／考えている教員も存在している（安藤・緩利，2020）。これからは個人の意識や行動を組織的な取り組みへと広げるような環境整備が必要になる。

　またこうした取り組みの参考となるように，「学習指導要領解説　総則編」には，小学校と中学校における「現代的な諸課題に関する教科横断的な教育内容」として「伝統や文化に関する教育」「主権者に関する教育」「消費者に関する教育」「法に関する教育」「知的財産に関する教育」「郷土や地域に関する教育」「海洋に関する教育」「環境に関する教育」「放射線に関する教育」「生命の尊重に関する教育」「心身の健康の保持増進に関する教育」「食に関する教育」「防災を含む安全に関する教育」（文部科学省，2017，pp. 204-249）が付録に所収されている。高等学校には同様の付録はないものの参考に資する。また，SSH校などでの実践も参考になるので，調べてみるとよいだろう。

　課題のもう1つは，各種調査やデータでもって検証改善を行っていくことである。具体的には，各種調査やデータを用いた検証やその結果を改善に活かすこと自体は，教育の質を確保するうえでは欠かせない。ただ，この調査結果やデータを「数値」によるものだと捉えてしまいがちになることが課題である。詳細は第15章で改めて扱うが，「数値」は数多くのデータの「1つ」にすぎないし，「数値」というと，どうしても学力テストの結果に注意が向いてしまう。たとえば先にあげた全国学力・学習状況調査については学力調査の結果に関心が集まるが，こうした傾向について，1990年代以降の教育改革に起因する「2008年型教職観」の影響が強いほど，基礎学力や受験学力の育成に積極的になるとされる（油布他，2008）。「数値」との適切な距離感を確保すること，「数値」を解釈するための力を身につけること，「数値」の結果を補完する（できる）別の証拠が求められるだろう。

引用・参考文献

・安藤福光（2018）「教育課程・方法研究の現在」滝沢和彦編著『教育学原論』ミネルヴァ書房，pp. 125-136

・安藤福光（2020）「これからの学校とカリキュラム・マネジメント」古川治・矢野裕俊編著『人間教育をめざしたカリキュラム創造』ミネルヴァ書房，pp. 47-63

・安藤福光・緩利誠（2020）「高等学校におけるカリキュラム・マネジメントの実態に関する予備的検討」『兵庫教育大学研究紀要』第56巻，pp. 83-94

・中央教育審議会（2016）「幼稚園，小学校，中学校，高等学校及び特別支援学校の学習指導要領の改善及び必要な方策等について（答申）」

・中留武昭（2003）「カリキュラムマネジメントのデザインを創る」中留武昭・論文編集委員会編『21世紀の学校改善』第一法規，pp. 146-164

・文部科学省（2017）「小学校学習指導要領解説　総則編」

・油布佐和子・紅林信幸・川村光・長谷川哲也（2010）「教職の変容—『第三の教育改革』を経て」『早稲田大学教職研究科紀要』第2号，pp. 51-82

第**14**章

カリキュラム・マネジメントの実際

1. 小学校における実践—地域連携カリキュラムの取り組み

(1) 豊浦小学校の概要

　山口県下関市立豊浦小学校（以下，豊浦小）は，2020年度創立148周年を迎え，長年にわたり，地域・保護者から支えられてきた学校である。校区である「長府」地区は，前は周防灘，後に四王司山を配し，美しい自然に恵まれ，長い歴史と豊かな自然・文化に育まれ，よき伝統とともに落ち着いた風土を有している。美術館・博物館・図書館などの文化施設も校区内に充実しており，教育環境に恵まれた地域である。

　また，保護者をはじめ，地域の人々の学校教育に対する関心や期待も高く，百周年事業として建設された「教育資料館」や「豊浦小学校百年史」の刊行，そして保護者と教員によってつくられた「教育の森」などにその熱意がうかがえる。さらに，学校と家庭・地域が1つとなり，「本気・根気・元気」の「三気の教え」のもと，児童を健全に育ててようとする協力的な気風がある。

　そのような校区に設置されている豊浦小の特色の1つとして，児童数が多い大規模校であることがあげられる。表14.1に示したとおり，2020年5月1日現在の全児童数は，891人であり，県内の小

写真14.1　三気の教え

学校では最多の児童が在籍している。

学校に対する地域の協力的な気風を背景に，豊浦小は2015年度に学校運営協議会を設置し，コミュニティ・スクールとして学校運営をスタートしている。学校運営協議会においては，学校運営や学校への支援について活発な協議が行われている。

表14.1　児童数

学年	学級数	児童数			家庭数
		男子	女子	計	
1	5	67	73	140	75
2	4	58	82	140	79
3	5	70	76	146	91
4	4	56	77	133	104
5	4	70	69	139	134
6	5	79	82	161	159
知的	2	7	3	10	8
自・情	3	16	4	20	19
難聴	1	2	0	2	1
合計	33	425	466	891	670

(2020年5月1日現在)

(2)　カリキュラム・マネジメントの三側面

①教科等横断

豊浦小では，2017年10月に実施した県教育委員会が実施する学力の定着状況を確認する問題（3～6年で実施）の結果により，各教科等において「思考力・表現力」をテーマに設定して校内研修を深めた。

校内研修の進め方として，まずは同学年で話し合いを行い，研修部作成「国語科における『つけたい学力』」「算数科における『つけたい学力』」のなかから，とくに，「思考力・表現力」にかかわる資質・能力を抽出し，国語科・算数科で「児童に『つけたい学力』」を明確化した。

また，ほかの教科・領域においても日頃の授業において「思考力・表現力」を培うために「書く活動」を重視した授業を行うことを共通理解した。

明確化した「児童につけたい学力」をもとに，「思考力・表現力」を高めるための具体的な方途を示した「学力向上プラン」を作成した。研修が進むにつれてより具体的なものになっていくよう，学期ごとに成果と課題について振り

返り，次学期の取り組みを記す欄を設けた。このことにより，検証・改善のサイクルを確立し，成果と課題を共有しながら，日々の授業における児童の「思考力・表現力」の向上をめざした。

校内研修において，授業研究が「思考力・表現力」に係る指導のあり方を検証する場として重要である。このことから，その育成に向けてどのような指導を意図し，実践しようとしたかを指導案に明記しておくことが求められる。このことから，指導案に次の4点を明記し，それらに焦点化して研究授業後の研究協議を行うこととした。

　①「児童につけたい力」を明記する。

　②「つけたい学力」と学習指導要領の関連性を示す。

　③思考力・表現力をつけるための手立てを明記する。

　④本時案には，学習課題と本時で観てもらいたいところを示す。

年間44回の研究授業を実施し，検証・改善を図った。その結果，次のような成果があった。

　①児童アンケートにより，自分の考えを表現することが楽しいと感じている児童の割合が1学期に比べて10%向上した。

　②県教育委員会が行う学力の定着状況を確認する問題において，「思考力・表現力」にかかわる領域の結果が向上した。

今後も校内研修を軸にカリキュラム・マネジメントを進めていきたい。

②データに基づいた教育活動の改善（PDCAサイクル）

カリキュラム・マネジメントにおける2つ目の側面として，データに基づいた教育活動の改善（PDCAサイクル）がある。この側面に関する取り組みとして，表14.2のような学校評価を活用した事例を紹介したい。

豊浦小では，図14.1のような年間サイクルで学校評価を実施している。学校評価については，児童・保護者・教職員への評価を行うとともに，第1回目の学校運営協議会において各学校運営協議会委員が評価を行っている。

その評価結果を第2回目の学校運営協議会において学校運営協議会委員へ説明し，学校運営協議会委員からの意見や保護者・教職員の評価を学校運営の改

表 14.2　学校評価（一部）

1	お子さんは，授業が分かりやすいと話していますか。
2	お子さんは，漢字や計算の練習などに地道に取り組んでいますか。
3	お子さんは，家庭学習（宿題を含む）の習慣がついていますか。
4	お子さんは，読書が好きですか。
5	豊浦小の児童は，家庭や地域でよくあいさつをしますか。
6	豊浦小の児童は，家庭での約束事や社会のルールやマナーを守って生活していますか。

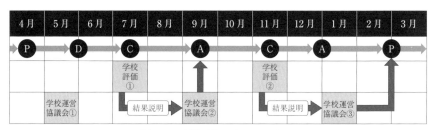

図 14.1　学校評価の年間サイクル

善につなげている。

　学校運営の改善点をふまえて２回目の学校評価を行い，保護者などの意見を学校運営に反映させている。その後，次年度の学校運営に関する計画を年度末にかけて立案し，新年度において人事異動などにより新たな体制になったあと，改めて学校運営に関する計画の修正・確認などを行っている。

　2020 年度は，とくに新型コロナウイルス感染症防止に係る学校の取り組みやそれに伴う学校からの情報発信について学校評価の結果に基づき，学校改善を図っている。新型コロナウイルス感染症に係る対応は，これまで学校が経験したことがないだけに，学校評価の結果は，学校運営の改善を図るうえでたいへん参考になった。

　カリキュラム・マネジメントを進めるうえで，学校評価は欠かせない取り組みである。今後もより効果的な学校評価のあり方を研究し，学校改善へとつな

学校運営
□学校運営協議会における協議の結果を学校運営に反映
□学校評価による学校運営の改善
□学校運営協議会委員による校内研修への参加

地域と連携した取組

学校支援
□地域人材による学習支援
□保護者やおやじの会等による環境整備
□地域人材による学校業務補助

地域貢献
□地域行事への参加・運営補助
□地域が企画する作品募集等への協力
□学校からの積極的な情報発信

図 14.2　地域と連携した取り組み

表 14.3　地域連携カリキュラム（一部）

		4月	5月	6月	7月	8月	9月	10月	11月	12月	1月	2月	3月
通年		朝学読み聞かせ・昼休みお話会・本の修繕・登下校見守り・子ども110番の家・クラブ活動支援・コミュニティカレンダー											
全校	学校活動	参観日頼り	すっきりタイム：支援 小中連携協議会	敬業館スタンプラリー運営；運営 幼保小連携協議会 避難訓練：補助 水泳：見守り 家庭学習週間	水泳：見守り 長府中職場体験	環境整備作業 小中合同研修会・学力向上連絡協議会 幼保小連携研修会	運動会：支援	参観日頼り	図書館祭り 家庭学習週間 長府高校職場体験		参観日頼り	家庭学習週間	
	地域活動		れとろ祭り：出演	英検 算検 漢検	地区懇談会 英語ツアー：海岸清掃 中学校地区懇談会	おもしろサイエンス：指導 中学校学習：支援 豊浦高職業講話		英検 れとろ祭り：参加 時代祭り：出演	長府寺子屋：講師（英語） 長府文化祭：出演 海岸清掃	長府寺子屋：講師（文部省唱歌） クリスマスコンサート：出演	城下町長府マラソン：参加 漢検	算検	
1年		下校見守り		幼保と交流				鍛錬遠足（発電所緑地）幼保と交流			むかしの遊び：指導・交流		幼保と交流
2年			町探検：支援（商店街，神社，寺等）					鍛錬遠足（関見台公園，御船手海岸）					
3年			学校のまわり：支援・指導（商店街，神社，寺等）			店で働く人：指導（スーパーマーケット）	やさしさ大作戦：指導（アイエウ苑）	海の仕事：指導				むかしのくらし：指導	
4年			自転車教室：企画運営	いも植え：指導・支援（JA）浄水場見学：指導				いも掘り：指導・支援（JA）					
5年								ミシン学習：補助 就学時補助 環境学習	環境学習：指導（ブリヂストン）環境学習（河川）		豊浦小の歴史：指導 予備入学：交流		
6年					ふるさと歴史マップ作成：支援	手話教室：指導 聴覚障害者との交流	歴史博物館訪問：指導 陸上：指導（長府中・ミシン学習：補助				中学校授業体験 中学校出前授業	感謝のつどい：交流	

げていきたい。

　③教育活動における地域資源への注目と活用

　豊浦小は，これまでも地域と連携した教育を進めてきたが，2008年度に文部科学省委託事業として「学校支援地域本部事業」を開始し，これまで行ってきた地域と連携した取り組みを一層充実させてきた。

　2011年度には，その取り組みが評価され文部科学大臣表彰を受賞した。その後，2015年度に学校運営協議会を設置し，コミュニティ・スクールとして学校運営をスタートし，現在に至っている。コミュニティ・スクールとしてスタートしたあとは，「学校支援地域本部事業」として行ってきた「学校支援」とともに，図14.2のように「学校運営」「地域貢献」を加えた取り組みを推進している。これらの地域と連携した取り組みを表14.3のような地域連携カリキュラムに基づいて実施している。

　現在の地域連携カリキュラムについて，今後は，さらに地域資源を発掘し，カリキュラムのなかに位置づけるとともに，学習の仕方や資質・能力と関連づけてカリキュラムを再編成することが今後の課題である。

2．中学校における実践
―地域の強みを生かしたプロジェクト6の取り組み

⑴　福栄地域と福栄小中学校の現状

　山口県萩市立福栄小中学校が位置する福栄地域は，萩市の山間部に位置する農林業を主な産業とする地域である。人口は約1800人で，2013（平成25）年からの5年間で約200人減少している。65歳以上の割合が50％を超え，人口減と少子高齢化が急速に進んでいる地域である。

　福栄小中学校は，2016（平成28）年に，福栄中学校，紫福小学校，福川小学校が合併し，山口県初の小中一貫教育校として誕生した児童生徒数61名（小学部41名，中学部21名；2020年4月1日現在）の小規模校である。

⑵　地域の教育資源を生かしたプロジェクト6（6次産業体験学習）

　プロジェクト6とは，福栄小中学校のキャリア教育の中核となるプログラムである。小学部1年から中学部3年までが，中山間地域である福栄地域の自然，産業，歴史などの特色を生かし，新たに価値のあるものを生み出し販売する活動を通して，地域や社会をよりよくしていこうとする態度や，そのために必要な資質・能力を身につけていく総合単元学習である。プロジェクト6を通して，育成をめざす資質・能力は表14.4のとおりである。

　プロジェクト6の内容は大きく3つに別れている。1つ目は，小学部児童が学校田でもち米を栽培し，中学部2年生がそのもち米を用いた商品を開発し，販売するという「もち米プロジェクト」。2つ目は，中学部1年生が，訪日外国人観光客を対象とした民泊プランを提案する「民泊プロジェクト」。3つ目は，中学部3年生が，修学旅行での学習の成果をふまえて，地域活性化に向けたプランを提案する「ふるさと福栄のこの一枚」である（表14.5）。

　「もち米プロジェクト」については，地域づくり協力隊や地元の事業所の協力を得ながら，もち米100％のラスク「かすてらすく」を開発し，地域のお祭りで販売。その後，地元商工会の「奥萩ブランド」に認定された。「民泊プロジェクト」については，萩市観光ツーリズム推進協議会の支援をえながら，外

表14.4　プロジェクト6を通して育成する資質・能力

I	郷土愛	1	ふるさと福栄を愛する気持ち
		2	自らの力で社会や地域をよりよくしようとする気持ち
II	知財創造に必要な力	3	自らの力で，新たなものを生み出そうとする気持ち
		4	自らの力で，新たなものを生み出す力
		5	他人が新たに生み出したものを大切にしようとする気持ち
III	起業に必要な力	6	現状を分析し，新たな課題を生み出す力
		7	仲間と協力して，よりよく課題を解決する力
		8	色々な人と心地よくコミュニケーションをとる力
IV	キャリアプランニング能力	9	働くことへの興味・関心
		10	自分の進路について真剣に考えようとする気持ち

表14.5　プロジェクト6の内容

コンセプト	学年	内　容
福栄を生かす・福栄に学ぶ	中3	○ふるさと福栄のこの一枚…ふるさとのお気に入りの写真に，故郷に対する思いをのせて発表。
	中2	○もち米プロジェクト…小学部児童が収穫したもち米を用いた商品を開発し，ふるさと祭りで販売。「奥萩ブランド」への登録をめざす。
	中1	○民泊プロジェクト…外国人観光客を対象とした，福栄地域での民泊プランを作成し，発表。
	小6	○もち米プロジェクト…学校田で，もみまきから田植え，稲刈り，脱穀までを体験し，もち米を生産。収穫したもち米は，中2による商品開発に提供するほかに，もちつきや被災地の支援に活用。
	小5	
	小3・4	
	小1・2	

表14.6　実施時期と実施内容

時期	実施内容
4月	【小・中】「ふくえ学習」オリエンテーション
	【小】もみまき
5月	【小・中】小中合同6次産業推進会議（小中学生によるビジョンの共有）
	【小】田植え
	【中1】地域理解学習（民泊プラン作成のためのフィールドワーク）
	【中2】生産・販売計画作成（ミッションステートメント，事業計画等作成）
	【中3】修学旅行（地域活性化のヒントを探す旅）
6・7月	【小・中】起業や知的財産について学ぶ（外部講師の招聘）
	【小】かかし作り
	【中1】民泊プラン作成
	【中2】商品開発（アイデアづくり→試作）
	【中3】他地域の事例調査
9・10月	【小・中】小中合同6次産業推進会議（小中学生による協力体制作り）
	【小・中】稲刈り・脱穀
	【中1】プラン売り込みのためのプレゼン作成→プレゼン
	【中2】店舗デザイン，パッケージデザイン，商品の生産
	【中3】活性化プラン「ふるさと福栄のこの一枚」のプレゼン準備
11月	【中2】商品販売（福栄ふるさと祭り）→「奥萩ブランド」申請
12月	【小】しめ飾りづくり

国人を対象とした民泊プランを完成させ、地元の民泊受け入れ家庭に対して、提案することができた。そして「ふるさと福栄のこの一枚」では、前年度の「もち米プロジェクト」や、修学旅行での学習成果をふまえ、生徒一人ひとりが、ふるさとに対する思いと、地域活性化のために自分ができることについて、保護者や地域の人を前に発表することができた。

(3) 教科等横断で取り組む商品開発

　プロジェクト6は、総合的な学習の時間を中心とした総合単元学習として実施した。とくに「もち米プロジェクト」は、学級担任だけでなく、国語科、美術科、家庭科などの教員がそれぞれの専門性を生かして指導にあたった。商品名、キャッチコピーは国語科の教員が担当し、生徒たちの話し合いにより商品名「かすてらすく」、キャッチコピー「福栄の魅力集めました!! ～もち米、にんじん、しいたけ～」と決まった。商品パッケージのデザインや販売ブースのデザインについては美術科の教員が担当した。商品開発は家庭科の教員がもち米の食材としての特性や、食品の生成管理について指導した。また、商品の販売終了後ではあるが、社会科の授業の一環として行われた「租税教室」のなかで、商品を製造・販売することと税との関係について学んだ。

　また、年間を通して、地域の人にもたびたび外部講師として継続的に指導してもらった。「もち米プロジェクト」は、萩・阿西商工会から地域の特産品を生かした商品開発の依頼を受けるという形でスタートした。商品開発については、元イタリアンシェフの地域おこし協力隊や、地域でベーカリーを経営されている人に来校してもらい、商品の企画段階から、試作、POPのつくり方にいたるまで丁寧に指導してもらった。接遇指導に関しては、地域の銀行員に実際の接客場面を

写真14.2　中学部2年生が開発した「かすてらすく」

想定しながら指導してもらった。価格設定については，商品開発のノウハウが
ある萩商工高等学校の教員を講師として招聘し，中学生向けにわかりやすく指
導してもらった。

(4) プロジェクトを終えての児童生徒の自己評価

①活動全体を振り返るアンケートの実施

　これらのプロジェクトに対して，地域の人や外部の教育関係者からは「小中
学生でよくここまでできたね」「大学生の PBL よりもレベルが高いかも」とい
った高い評価を得ることができた。また，指導にあたった教員も「活動を通し
てクラスの雰囲気が変わった」「○○さんがここまでやるとは」といった手ご
たえを感じることができた。それでは，実際にプロジェクトに取り組んだ児童
生徒はどのように感じていたのであろうか。次年度以降のカリキュラム改善の
基礎的なデータとするために，各プロジェクトが終了した年度末に，児童生徒
への自己評価アンケートを実施した。

　アンケートでは，資質・能力の 10 の評価項目（図 14.3），各プロジェクトで
取り組んだ主な活動ごと（図 14.4）について，どれだけ身についたと感じたか
を 0 ～ 3 の 4 段階で評価させた。なお，アンケートを実施したのは，中学部全
学年と，小学部のプロジェクトのリーダー役となった 5・6 年である。

②児童生徒の自己評価からみえたもの

　どの学年も，グループでの活動において，仲間と協力してよりよく課題を解
決する力がついたと感じている。また，異学年や保護者，地域住民との触れ合
いがある場面で，いろいろな人と心地よくコミュニケーションをとる力がつい
たと感じている。全体的に，他人が新たに生み出したものを大切にしようとす
る意識がどの学年においても高い。

　学年別の特徴としては，中学部 1 年生は，体験活動や発表会を通して，他者
がつくったものを尊重しようとする気持ちが高まったと感じている。中学部 2
年生は，商品開発に関する話し合いや販売体験，奥萩ブランドフェアでの発表
を通して，知財創造教育で育成が求められる能力や，課題を発見し仲間と協力

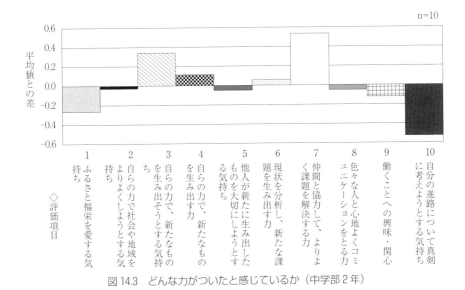

平均値との差

0.6
0.4
0.2
0.0
-0.2
-0.4
-0.6

◇評価項目

1 ふるさと福栄を愛する気持ち

2 自らの力で社会や地域をよりよくしようとする気持ち

3 自らの力で、新たなものを生み出そうとする気持ち

4 自らの力で、新たなものを生み出す力

5 他人が新たに生み出したものを大切にしようとする気持ち

6 現状を分析し、新たな課題を生み出す力

7 仲間と協力して、よりよく課題を解決する力

8 色々な人と心地よくコミュニケーションをとる力

9 働くことへの興味・関心

10 自分の進路について真剣に考えようとする気持ち

図14.3　どんな力がついたと感じているか（中学部2年）

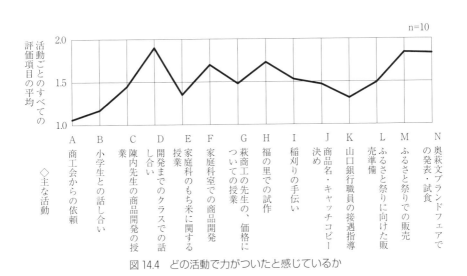

活動ごとのすべての評価項目の平均

2.0

1.5

1.0

◇主な活動

A 商工会からの依頼

B 小学生との話し合い

C 陳内先生の商品開発の授業

D 開発までのクラスでの話し合い

E 家庭科のもち米に関する授業

F 家庭科室での商品開発

G 萩商工の先生の、価格についての授業

H 福の里での試作

I 稲刈りの手伝い

J 商品名・キャッチコピー決め

K 山口銀行職員の接遇指導

L ふるさと祭りに向けた販売準備

M ふるさと祭りでの販売

N 奥萩文ブランドフェアでの発表・試食

図14.4　どの活動で力がついたと感じているか

してよりよく解決する力が高まったと感じている。中学部３年生は，もち米プロジェクトを通して仲間と協力してよりよく課題解決する力が高まったと感じている。また，３年生になってからの取り組みで，郷土愛や現状を分析し新たな課題を生み出す力が高まったと感じている。

いっぽう，課題としては，田植えに関する活動では，新たな価値を生み出そうとする気持ちや力がついたと感じていないことや，全体的に，郷土愛に関する項目やキャリアプランニングに関する項目の評価が低いことがあげられる。

(5) 小中一貫教育を深化させるキャリア教育の試案

児童生徒による自己評価の結果をふまえて，小中一貫教育におけるキャリア教育をより充実させるための改善ポイントを以下のように整理した。

①９年間のカリキュラムの明確化（小：福栄に学ぶ。中：福栄を生かす）。

②小学部：活動の基盤となる郷土愛の醸成や，知識の獲得を計画的に行う。

③中学部：単年度の活動から，複数年度にまたがる計画の立案（１つのプ

表14.7　新たなプロジェクト６の試案

コンセプト	学年	内　容
福栄を生かす	中３	○福栄プロポーザル（福栄P）…福栄の未来のために私からの提案
	中２	○民泊プロジェクト（民泊P）…民泊プランの実践，商品化→令和３年度に京都で売り込み
	中１	○林業プロジェクト（林業P）…地域の木材を使ったインテリアデザインの商品化→令和３年度にモデルルーム公開
福栄に学ぶ	小６	○もち米プロジェクト（もち米P）…もち米生産→もち米とかすてらすくをふるさと祭りで販売　＊新商品の開発なし。パッケージ開発は要検討
	小５	○福栄クイズ王…地域理解学習を基盤としてクイズを作成。クイズ大会を実施
	小３・４	○福栄の民話…地域のお年寄りからの聞き取りをもとに劇化
	小１・２	○福栄の昔遊び…地域のお年寄りとのふれあい

ロジェクトを中学部の３年間で実施）することで時間的なゆとりを確保する。

④経営者感覚をもって活動するための仕組みづくり（日本の起業家の祖，二宮金次郎の教えをバックボーンに）。

⑤地場産業を基盤としたプロジェクトの柱の設定（もち米 P，民泊 P，林業 P）。

　これらをふまえた新たなプロジェクト 6 の試案が表 14.7 である。なお，キャリアプランニングの時間については別枠で設定することとする。これらのプロジェクトを実施するためには，学校運営協議会での協議，承認を経たうえで，地元の事業所や市教育委員会，市長部局との連携が必要不可欠であることはいうまでもない。

3．高等学校における実践—中高一貫校を活かした取り組み

(1)　兵庫県立大学附属高等学校の概要

　兵庫県立大学附属高等学校は，兵庫県立姫路工業大学（以下，工業大学）の附属高校として 1994（平成 6）年，科学技術における学術研究の後継者や，国際感覚豊かな創造性あふれる人材育成を図ることを目的に，1 学年 160 人定員で全日制総合科学科（理数に関する学科）として開校した。工業大学の教員（教授職）を非常勤とした校長と，県教育委員会から校長職の資格をもつ教育職を副校長として配置し，工業大学と兵庫県教育委員会の両面から支援を受け，教職員は県立高校からの異動での学校運営となった。工業大学には，理系を中心とした 3 学部があり，高大連携教育と理数教育に力を入れて，2006（平成 14）年には，文部科学省からスーパーサイエンスハイスクールの指定を受け，理数教育の充実を本格的に進め，現在も受け継いでいる。

　2008（平成 16）年に県立 3 大学が統合されて兵庫県立大学（以下，県立大学）になったことで兵庫県立大学附属高等学校（以下，附属高校）と校名変更となり，2011（平成 19）年に隣接した場所に兵庫県立大学附属中学校（以下，附属中学校）を設置し，併設型中高一貫校となった。

2017（平成29）年に公立大学法人に移管され，看護系や文系も含めた6学部をもつ県立大学附属学校として，現在では附属中学校の定員70名が一貫生として6年間の中高一貫教育を受け，高等学校から入学する高入生90人を加えて，附属高校では1学年160人での教育活動を行っている。さらに，アメリカ，オーストラリア，タイ，韓国の4カ国との海外交流を実施し，国際理解教育にも力を入れた学校となっている。中学1，2年を創礎期，中学3年，高校1年を自立期，高校2，3年生を挑戦期とし「2－2－2制」を採用して，中高一貫教育を見通した教育課程を進めている。

　2020（令和2）年度から，組織変更によりこれまでの校長を附属学校総長，副校長を校長と職名を改変し，今年度より中・高の校長の兼務で筆者が着任した。中・高には教頭が1名ずつ配置され，附属高校の教員人事は県立学校の人事の一環として行われるが，附属中学校の教員人事は近隣地域の市町組合学校との交流人事として行われている。あとから併設された中学校が高校の校舎と離れていることもあり，中高教員の交流や連携が十分でないことが課題である。

(2)　カリキュラム・マネジメントの三側面
①教科等横断
　中・高の生徒の交流や連携を深めるため，入学式や文化祭，体育大会などの学校行事を合同で実施し，2020（令和2）年度には，高校からは地歴，理科，保健体育，家庭の教員が中学校へ，中学校からは社会，理科，保健体育の教員が高校の授業へ乗り入れており，今後も中・高兼務教員や相互乗り入れ教科数を拡大してさらに一貫教育を進める予定にしている。
■中学校のカリキュラム
　附属中学校では，「総合的な学習の時間」において，「探究科学」と「コミュニケーション」という独自科目を設置するとともに，県立大学や地域と連携した「プロジェクト学習」「エリア学習」の2つの学習を特色としている。
　「プロジェクト学習」では自然科学についての探究活動として，1年生では集団で附置研究所などの施設で専門家からの講義や実習など1泊2日の体験活

動を行い，また2，3年生ではグループに分かれて2年間同じテーマで毎月1回午後の時間帯に県立大学の教員や附置研究所の専門員などを招いて指導を受けている。ここには附属中学校の全教員がいずれかの講座に所属して，専門家と一緒にかかわっている。例年2月に成果発表会を実施しており，教員が自身の専門教科以外で生徒とかかわり，教科等横断的な学びにつながっている。2020（令和2）年度からは，附属高校の教員も見学するなど，今後の中高一貫の推進に取り組みはじめた。

「エリア学習」は，日本や世界の伝統産業・文化などについて広く調査研究し，国際社会で生きる人材に必要な資質を身につけることを目的とし，1年生は近隣の研究機関や諸施設の見学，2年生は近隣の産業施設見学，3年生では大学の各学部を訪問し学術研究の基礎を学ぶ活動を実施している。2021（令和3）年度からの2018年学習指導要領の実施後も，「総合的な探究の時間」を活用して，この2つの学習をさらに発展させて教科等横断的に取り組む予定である。

■高等学校のカリキュラム

現在，附属高校においては「総合的な探究の時間」を各学年1単位時間「テクノタイム」と称して，体験活動や高大連携授業を実施して，生徒のキャリア形成の場となっている。体験学習では，自然科学を中心とした専門家による理数系の講演会や大学の留学生との国際理解を目的とした交流活動などがあり，高大連携授業では，県立大学の教員からさまざまな専門分野の内容や，大学教員の取り組んでいる研究内容を学年全体または進学希望分野に分かれて，数回連続して聴講しているが，探究活動にはつながっていないのが課題であった。

2021（令和3）年度入学生からは，後述する新コースを設置して，各学年に学校設定教科・科目を新設して，教科等横断的な内容を探究のプロセスを通じて実施することを取り入れる。たとえば，1年生では国語と英語の教科横断を図り，英語の論文を題材にして科学英語の理解や，文章作成や発表の機会をもってコミュニケーション能力を高め，探究活動につなげていく教科横断的な活動を考えている。また，テーマを設定により，思考力，判断力，表現力の育成をめざす準備を進めている。具体的には，「天災（大雨，洪水，地震など）」

をテーマに設定した場合，「天災の仕組みを学ぶ」理科，「過去の被害を学ぶ」地歴，「災害の被災者の心情を考える」国語，「災害の健康被害を考える」保健など，さまざまな分野や角度から１つのテーマについて教科の枠を越えて総合的に多面的な学びが深まることなどを想定している。

②データに基づいた教育活動の改善（PDCA サイクル）

附属中学校の３年生では，中高一貫校における教育課程の特例を特色として数学，理科，英語において高校１年生の内容の先取り学習を実施しており，高校入学後もこれらの教科は継続したカリキュラムになっている。現在の附属高校の「総合的な探究の時間」は，年間指導計画はあるものの，時間割表に位置づけられず，実施曜日に時間割変更によって対応している。また，テーマを決めた探究活動ではなく，附属中学校で実施してきた探究活動の継続が図られず，６年間一貫の連続した教育課程の作成が求められていた。また，２学期制で，前期と後期で別教科を 0.5 単位ずつ学ぶ教科が一部あり，連続性やつながりがない学習となっている状況であることも課題であった。

また，成績の分布が二極化していることも課題である。毎年約半数の生徒が国公立大学進学を果たしており，2019（令和元）年度の進路実績は，東京大学や京都大学，大阪大学などの難関国公立大学や医学部医学科への進学者や，県立大学への特別推薦制度を利用して６学部への進学者がいた。いっぽうで，早くから大学共通テストの受験を諦め，教科を絞って私立大学や専門学校への進学に進路変更する生徒も多い状況で，最後まで全員に諦めずにがんばらせる授業の工夫やクラスの雰囲気づくりの構築が求められていた。

2019 年度末に，中・高ともに全教室にホワイトボードと書画カメラやプロジェクターなどが設置され，パソコンと連動させて電子黒板として活用するなどの ICT 教育を進める環境が整った。これらを最大限に活用して，これまで実施していない習熟度別でのクラス編成や授業展開を導入し，生徒の学力や進路に合った授業を工夫し，下位層生徒の学力向上も重点課題と考えた。

カリキュラムの特徴は，高大連携授業に加えて理数教育と国際理解教育に力を入れており，３つの専門教科「理数」「英語」「総合科学」（学校設定教科）を

多く設置している。また，これらの特色を継続しつつ，これまでの課題を改善するために，2022（令和4）年度入学生から改訂される新学習指導要領の趣旨をふまえた3つの新コースを，2021（令和3）年度入学生から先行実施で設置し，コースに合わせた教育課程を編成することとした。附属中学校の先取り学習したことをふまえて一貫生の半数と高入生の若干名で構成するクリエイティブ　サイエンス（CS）コース（1クラス）は高度な理数教育を特徴とし，理系の標準コースであるファンダメンタル　サイエンス（FS）コース（4クラス）は学習進度や習熟度別の授業展開を取り入れ，2年生からはFSコースを3クラスとし，人文・社会科学の探究活動や英語の4技能を高める文系のグローバル　アーツ（GA）コース（1クラス）を設置し，2年生への進級時に3つのどのコースへも変更可能とし，各コースとも少人数授業や習熟度別授業による手厚い指導を実施して，生徒が切磋琢磨して学力の定着を図ることをめざす。

　3つのコースには「総合的な探究の時間」を時間割表のなかに位置づけ，大学教員らによる講義だけでなく，ゼミ形式での班別課題研究や，大学での実習や論文作成，理科分野の発展的な実験などを取り入れる。とくにCSコースには，2022年度から新設される共通教科「理数」の「理数探究基礎」や「理数探究」を実施し「総合的な探究の時間」の代替科目として実施する。ただし，令和3

① クリエイティブ　サイエンス (Creative Science) (CS)コース
　理数系科目を深く探究するとともに，大学との連携による理数系課題探究活動を通して，研究者や医師などの高度の専門職として将来活躍する人材を育成し，難関国公立大学進学を目指す。
② ファンダメンタル　サイエンス (Fundamental Science) (FS)コース
　基礎学力の充実を図り，学習進度や習熟度別による少人数授業を実施して，「文武両道」で部活動にも取組み，科学の発展に寄与する人材を育成し，理系国公立大学進学を目指す。
③ グローバル　アーツ (Global Arts) (GA)コース
　英語の4技能を高める授業や人文・社会科学系の探究活動を実施して，国際社会に通用するリーダーを育成し，文系国公立大学進学を目指す。

学年	CSコース	FSコース	GAコース	生徒数
1年生	1クラス（35名程度）	4クラス（125名程度）	―	160
2年生	1クラス（35名程度）	3クラス（90名程度）	1クラス（35名程度）	160
3年生	1クラス（35名程度）	3クラス（90名程度）	1クラス（35名程度）	160

※ 学年進級時に，コース変更及びFSコース内の変更あり

高校1年生	CSコース	「理数探究基礎」等 ●大学教員等による講義，実習，ゼミ形式での班別課題研究 高大パートナーシップ授業I ●大学教員から各学部の特色・研究内容等を学習	全学年で学習進度・習熟度別に少人数授業を実施　FSコース
高校2年生	全学年で習熟度別に少人数授業を実施	「理数探究」 ●ゼミ形式での班別課題研究 ●大学での実習，論文作成等	「科学探究基礎」 ●探究活動の実施 ●理科の発展的実験	高大パートナーシップ授業II ●大学，附置研究所での特別授業（教養・専門） ●大学生，留学生との討論・交流　GAコース
高校3年生	難関国公立大学・医学部入試対策	国公立大学，兵庫県立大学（特別推薦），私立大学入試対策	習熟度別少人数授業

図14.5　2021（令和3）年度に設置する3つの新コースとその特色

年度入学生は旧課程であるため「総合的な探究の時間」として，１年生では「理数探究基礎」，２年生では「理数探究」と称して，グループに分かれてテーマを生徒に設定させて探究活動を実施することとした。

　2018年学習指導要領による新課程の教育課程案の特色と工夫は，以下のとおりである。

【1年】

	1–4	5–6	7–12	13–14	15–16	17	18–21	22	23–24	25–26	27–28	29	30–31	32	33	34
CS	国語総合	現代社会	理数数学I	理数物理	理数生物	理数化学	総合英語	異文化理解	家庭基礎	芸術	情報の科学	保健	体育	総合科学I	探究実践基礎	LHR
FS	国語総合	現代社会	理数数学I		理数生物		総合英語	異文化理解	家庭基礎	芸術	情報の科学	保健	体育	総合科学I	探究実践基礎	LHR

※ 総合科学I（国語/英語）：　教科横断的内容を、探究のプロセスを通して行う。
※ 理数探究基礎・科学探究基礎：　総合的な探究の時間の枠内で実施する。

【2年】

	CS	FS	GA
	現代文B　古典B　世界地勢史　世界史A　理数数学II　理数数学特論　理数物理/理数生物　理数化学　総合英語　英語理解　異文化理解　保健　体育　総合科学II　理数探究　LHR
	現代文B　古典B　世界地勢史　世界史A　理数数学II　理数数学特論　理数物理/理数生物　理数化学　総合英語　英語理解　異文化理解　保健　体育　総合科学II　科学探究基礎　LHR
	現代文B　古典B　人間理解　日本史A/世界史A　世界史B/世界史B　数学II　数学B　理数化学/生物　総合英語　英語理解　異文化理解　保健　体育　テクノタイム　総合科学II　LHR

※ 総合科学ⅡA（英語/地歴）・ⅡB（国語）：　教科横断的内容を、探究のプロセスを通して行う。
※ 理数探究・科学探究基礎・テクノタイム：　総合的な探究の時間の枠内で実施する。

【3年】

	CS	FS	GA
	現代文B　古典B　世界地勢史　理数数学II　理数数学特論　理数物理/理数生物　理数化学　総合英語　英語理解　体育　総合科学III　LHR
	現代文B　古典B/時事英語　世界地勢史　理数数学II　理数数学特論　理数物理/理数生物　理数化学　総合英語　英語理解　体育　総合科学III　LHR
	現代文B　古典B　人間理解　歴史探究　地理B現代研究　理数生物　数学II　数学B　総合英語　英語理解　体育　総合科学III　LHR

※ 総合科学ⅢA（英語）・ⅢB（理数化学/国語）：　教科横断的内容を、探究のプロセスを通して行う。
※ 生科：　生活科学

図14.6　2021（令和３）年度入学生の教育課程（旧課程）

【1年】

	CS	FS
	現代の国語　言語文化　公共　理数数学I　理数物理　理数生物　理数化学　総合英語I　EWI　DDI　家庭基礎　芸術　情報I　保健　体育　総合科学I　科学探究基礎　LHR
	現代の国語　言語文化　公共　理数数学I　理数物理　理数生物　総合英語I　EWI　DDI　家庭基礎　芸術　情報I　保健　体育　総合科学I　科学探究基礎　LHR

※ 総合科学I（国語/英語）：教科横断的内容を、探究のプロセスを通して行う。
※ 科学探究基礎：総合的な探究の時間の枠内で実施する。
※ EW:エッセイライティング　DD:ディベート・ディスカッション

【2年】

	CS	FS	GA
	論理国語　古典探究　地理総合　歴史総合　理数数学II　理数数学特論　理数物理/理数生物　理数化学　総合英語II　EWII　DDII　保健　体育　総合科学II　理数探究　LHR
	論理国語　古典探究　地理総合　歴史総合　理数数学II　理数数学特論　理数物理/理数生物　理数化学　総合英語II　EWII　DDII　保健　体育　総合科学II　科学探究基礎　LHR
	論理国語　古典探究　人間理解　歴史総合　日本史探究/世界史探究　数学II　数学B　理数化学/生物　総合英語II　EWII　DDII　保健　体育　総合科学II　テクノタイム　LHR

※ 総合科学ⅡA（英語/地歴）・ⅡB（国語）：教科横断的内容を、探究のプロセスを通して行う。
※ 科学探究基礎・テクノタイム：総合的な探究の時間の枠内で実施する。
※ EW:エッセイライティング　DD:ディベート・ディスカッション

【3年】

	CS	FS	GA
	論理国語　古典探究　地理探究　理数数学II　理数数学特論　理数物理/理数生物　理数化学　総合英語III　EWII　体育　総合科学III　LHR
	論理国語　古典探究/DDII　地理探究　理数数学II　理数数学特論　理数物理/理数生物　理数化学　総合英語III　EWII　体育　総合科学III　LHR
	論理国語　古典探究　人間理解　日本史探究/世界史探究　総合公共演習　理数生物　理数生物　数学II　数学B　総合英語III　EWII　体育　総合科学III　LHR

※ 総合科学ⅢA（理数数学/英語）・ⅢB（理数化学/国語）：教科横断的内容を、探究のプロセスを通して行う。
※ 生科：生活科学
※ EW:エッセイライティング　DD:ディベート・ディスカッション

図14.7　2022（令和４）年度入学生以降の教育課程（新課程）案

①理数・英語・総合科学（学校設定教科）の３つの専門教科科目を構成

②共通教科「理数」の「理数探究基礎」,「理数探究」を設置し「総合的な探究の時間」を代替

③「科学探究基礎」,「テクノタイム」は「総合的な探究の時間」での探究活動

④FS・GAコースの「総合的な探究の時間」は２単位に減単し,「総合科学Ⅰ・Ⅱ・Ⅲ」で「教科等横断的内容を探究のプロセスを通して行う」ことで代替

③教育活動における地域資源への注目と活用

附属高校の通学区域は県下全域であり, 地元地域から通学している生徒が多いが, 寄宿舎があることから遠方の３割弱の生徒は寄宿舎に入寮して通学している。また, 現在寄宿舎を改修し附属中学生も2022（令和４）年度から入寮させる準備を進めている。学校付近の地元地域とのつながりもあるが, 県内の全域に点在している県立大学６学部や附置研究所などと連携した高大連携授業が, 附属高校の地域資源である。

現在, 人工知能（AI）やロボット技術が進み, Society5.0の時代の到来といわれる。現在の生徒が社会に出るころには, 今は存在していない職業に就いたり, 仕事が自動化されることが予想されている。このような時代に求められるのは, ①文章や情報を正確に読み解き対話する力, ②科学的に思考・吟味し活用する力, ③価値を見つけ生み出す感性, 好奇心・探究心であるといわれている。これまでの「何を学ぶか」よりも「何ができるようになるか」に重点をおき, 教員が授業の工夫や評価をしていく必要があり, 地域と連携協働した教育活動が求められている。

現代の諸問題の解決のために求められる資質・能力を育成するには, ICTを活用して主体的・対話的で深い学びの工夫した授業展開を図るとともに, 教科等横断的な視点に立って学習を充実させ, 学校教育目標を教職員で共有し, 育てたい生徒像や育成したい資質・能力を, 学校の強みを活かした魅力・特色づくりによって身につけさせるために, 地域や保護者と連携共同した「社会に

開かれた教育課程」を取り入れたカリキュラム・マネジメントが重要となっている。

　県立大学の附属学校であり中高一貫校としての特徴を最大限に活かして，2021（令和 3）年度から附属高校に新設する新コースのカリキュラムを，教職員が一体となってより充実したものにするために，評価方法を含めた PDCA サイクルを機能して，見直しを図ってよりよいカリキュラムにしていくことが附属高校のカリキュラム・マネジメントであると考えている。

第15章
カリキュラム・マネジメントと
カリキュラム評価

　本章では，カリキュラム・マネジメントにおけるカリキュラム評価を扱う。評価という言葉を聞いたとき，どのようなことをイメージするだろうか。おそらくあまりよいものではないのではないか。さらにカリキュラム評価という言葉を聞いても，具体的なイメージがわかないと考える。そこでカリキュラム評価がどのような営みであるのか，何を評価するのか，評価をするための情報をどのように集めるのかについてを扱うことで学習者の理解を深めたい。

1．カリキュラム評価とは何か

　第13章でも取り上げたようにカリキュラム・マネジメントの定義は，2016（平成28）年の中教審答申中では「学習指導要領等を受け止めつつ，子供たちの姿や地域の実情等を踏まえて，各学校が設定する学校教育目標を実現するために，学習指導要領等に基づき教育課程を編成し，それを実施・評価し改善していくこと」（中教審，2016, p. 23）といわれている。カリキュラム・マネジメントは学校で開発されたカリキュラムについて，実施・評価・改善というプロセスでもって教育の質の向上を図っていくものである。このときに鍵を握るのは「評価」という営みである。

　「評価」は良い／悪いなどの「価値判断（値踏み）」をすることである。また（とくに悪かった場合は）そこから改善を図るということでもある。また改善のためには根拠となるデータも必要である。だからカリキュラムを評価するということは，カリキュラムに関するさまざまなモノやコト（詳細は第2節）を対

象としてデータを収集することとなる。なので，学習者に対してテストをするだけが評価ではない。学習者に提供されたカリキュラム，そもそもの内容や指導方法，そして学校の設備なども対象となるのである。この点，カリキュラム開発に関する国際セミナー（第8章参照）でも次のように扱われている（下線は引用者）。

> ここでの「評価」とは，個人の学力などの評価，「個人の評価」ではなくて，「カリキュラム」の評価だということである。カリキュラムが教育の目標と現実とに適切であるためには，そのカリキュラムを実現している教授・学習活動を時々刻々評価し，その評価にもとづいてカリキュラムを改善していかなくてはならない。　（文部省，1975，p. 48）

ここで興味深いのは，上記の下線でもとくに「時々刻々評価」という部分である。時々刻々ということは，その時その時ということであるから，カリキュラム評価で重要なことは1年間の最後にまとめて評価するというよりも，たとえば単元ごとであったり，学期ごとであったりすることが求められているのである。カリキュラムは単元から成り立っているので，理想としては単元の評価ということになるだろう。

> 学習評価については，子供の学びの評価にとどまらず，「カリキュラム・マネジメント」の中で，教育課程や学習・指導方法の評価と結び付け，子供たちの学びに関わる学習評価の改善を，更に教育課程や学習・指導の改善に発展・展開させ，授業改善及び組織運営の改善に向けた学校教育全体のサイクルに位置付けていくことが必要である。　（中教審，2016，p. 60）

上記は2016年の中教審答申での言及である。ここでは，子どもたちの評価だけでなく，カリキュラムや指導方法，くわえて組織運営の改善へと結びつけることが求められている。「子どもたちの評価」は「できる／できない」の原因を子どもの側に求める。けれども，それをカリキュラムそのものや教員の指導力（個人／組織）にも求めようということである。学校教育全体を評価することを学校評価というが，そのためには，カリキュラムの評価が必要不可欠である。

2．カリキュラム評価の対象

　前節では，学習者を評価することとカリキュラムを評価することとの違いについて扱った。ここでは，カリキュラムの評価対象を検討する。安彦（1999）はその評価対象となるものをまず学校の内部要素と外部用途に分けたうえで，表15.1のように示している。

　まず内部要素の7つである。(1)の教育内容は，知識・技能・価値など文化内容の子どもに対する妥当性を検討するものである。(2)は組織原理であり，教科として行うのか，教科外として行うのかなどを扱う。(3)履修原理については，履修主義か習得主義のいずれを採用するのか，また必修か選択かなどの履修方法を問うものである。(4)の教材は，教科書，視聴覚教材，実物などの教材の子どもに対する適切性，効果性を対象とする。(5)配当日時数に関しては，授業日数・時数が目標達成を目指す上で十分かどうか，学年配当や一単位時間の妥当性などを検討する。(6)の指導形態については，個別指導，一斉指導，実験・実習などの指導形態の適切さ，多彩さ，柔軟さなどを扱う。(7)の指導法・指導技術は目標や内容，子どもの実態に対して適切であるかどうか，効果的選択されているかどうか，その工夫の程度はどのようなものかを問うものであるという（同上，pp. 188-189）。

表 15.1　カリキュラムの評価対象

内部要素の評価	外部要因の評価
(1)教育内容	(1)施設・設備との関連
(2)組織原理	(2)教職員集団の質と量との関連
(3)履修原理	(3)行政的決定過程との関連
(4)教材	
(5)配当日時数	
(6)指導形態	
(7)指導法・指導技術	

出所：安彦（1999），pp. 187-190 より作成

つぎに外部要素の３つである。⑴施設・設備との関連は，施設・設備の整備状況を改善するために行われるもので，施設・設備の整備状況がカリキュラムにどのような影響を与えるのかを検討する。⑵の教職員集団の質と量との関連は，カリキュラムは，教職員の力量の高さとそれを実施するに必要な人数に影響を受けるため，それらがどの程度充足されているかを検討する。⑶の行政的決定過程との関連については，学習指導要領や各自治体のカリキュラム基準などについての決定権がどのようなものなのか，またそれが学校でのカリキュラム開発にどのような影響を与えるのかを確認するものであるとされる（同上，pp. 189-190）。

3．カリキュラム評価の方法

　では具体的にカリキュラムを評価する際にはどのように行えばよいのか，次の６点から検討する（安藤，2009／佐藤，2009／田中，2009／根津，2009）。

---

①何を明らかにしたいのかを明確にする
②量的な方法と質的な方法とを組み合わせる
③長期的な影響を把握する
④複数の調査を組み合わせる
⑤学力テストだけでは，カリキュラムの評価はできない
⑥カリキュラム情報を蓄積し共有する

---

　①について，小中一貫教育を例に考えてみよう。小中一貫教育では小学校高学年で中学校教員による授業を行ったり，小学生と中学生との交流授業などが計画されたりする。小中一貫教育のカリキュラムを評価するのであれば，「小中一貫教育は良かったですか」という総合的な評価よりも（これも大切だけれども），それぞれの取り組み，たとえば小中教員の乗り入れ授業や異学年交流による学びなど，その学校で取り組んでいることについて調査法なり事例法な

りの方法でデータを収集する必要がある。

　②は，第13章の課題にもあげたものである。「数値は重要なデータ」であるが「数値だけがデータ」ではない。数値のもつ怖いところは，なぜそのような結果になったのかということ自体を数値は教えてくれないところにある。恥ずかしい話だが筆者自身の経験で，授業評価（数値による）の結果が芳しくなかったとき同僚から「がんばれ」と言われたが，結果のよろしくない数値だけをみても，どこに改善のポイントがあるのかわからなかった。五里霧中，暗中模索の状態で改善を図ろうとして，結果として唯一残されたよいところに手を加えてしまうことも起こりうる。だからこのような場合は質的な方法によって，量的な方法を補完することが可能である。筆者の場合，受講者に毎回感想を提出してもらい，かれらのコメントから自身の取り組みを評価している（すぐに対応できるものとむずかしいものがある）。このように書いてしまうと勘違いさせてしまうかもしれないので，強調するけれども，質的な方法は量的な方法を補うだけのものではない。質的な方法だけでも十分にデータとなりうる。たとえばとある小学校教員は，児童のノートに書かれた内容から，かれの成長を支援する内容を盛り込む形で単元の改善を図っていた。重要なことは量的／質的な方法，それぞれの長短を把握して，目的に応じて使い分けたりすることや両者で補完しあったりすることである。

　③は，教育の長期的な影響の把握も重要であることをさす。経年比較，追跡調査，回顧的調査（卒業生調査）などがあげられる。あるカリキュラムを実施した場合，短期的な効果があったとする。でもそれが長期的には，結果として児童生徒によくない影響を与える可能性もあるのではないかということに留意する必要があるだろう。たとえば，すぐに大人が正しい答えを与えてしまう，児童生徒に過度の負担をかけるといったことは，短期的にはそれなりの効果があるかもしれない。けれども，それが継続的に積み重ねられたとしたらどうだろうか。そういった視点も必要だろう。

　④は，特定の調査の結果だけで判断すると，解釈を誤ってしまう可能性があるということである。特定のことについて児童生徒，教員，保護者のそれぞれ

から明らかにするということである。たとえば小中一貫教育について考える。小中一貫教育では中1ギャップの低減をねらいとすることが多い。この場合にそのための取り組みが行われるが、これが児童生徒にとって正の効果／反応があったとしよう。しかし、これだけでそれがよかったといえるかどうかは別である。そのカリキュラムを実施した教員の手ごたえ、家庭で接する保護者からみた児童生徒の様子もデータとして取り扱わないと、一面的な評価になってしまわないだろうか。

　⑤は、学力テストは基本的にカリキュラムを受けた学習者自身の理解度や習熟度などを図るものである。これは本章前半で引用した言葉を使用すれば「個人の評価」「子どもたちの評価」ということになる。しかし、これをカリキュラムの良し悪しの判断に結びつけることは危うい。なぜなら、学習者の結果が振るわなかった原因は、かれら自身にあるのか、それとも教育する側にあるのかが判然としないからだ。直接的にいえば、教育者側の問題によって「できなくしている」「わからなくしている」可能性があることを忘れてはいけない。以前、某大学の学長（筆者の勤務校ではない）は「学生が授業を理解できないのは、大学教員の授業が上手でないからだ」と言ったそうである。自戒しかない。

　⑥は、上記5つとは少し趣きが異なる。千葉県館山市にある北条小学校の取り組みが興味深い。同校は戦後まもなく「北条プラン」という独自のカリキュラム開発し、継続的な検証と改善を重ねてきた。このプランにかかわる資料を保管する場所として「カリキュラム管理室」を設置している。この部屋には、指導案、ワークシート、活動記録、写真などが保管されるという。なかでも注目に値するのは、「指導者の反省」とともにそれが収集されることである。こうすることで、たとえば次年度その学年を担当することになった教員が、前年度の結果をふまえながら（評価しながら）、カリキュラムや授業を構想できる点にある。担当者が異動することで、とある実践が停滞することを「人につくカリキュラム」と称したりするが、この取り組みは「組織のカリキュラム」とすることで、検証と改善の蓄積を可能としていると考える。詳細は佐藤（2009）

にあたってほしい。

引用・参考文献

・安彦忠彦編著（1999）『新版カリキュラム研究入門』勁草書房
・安藤福光（2009）「小中一貫教育のカリキュラム評価の視点」田中統治・根津朋実編著『カリキュラム評価入門』勁草書房，pp. 191-212
・佐藤進（2009）「カリキュラム評価の常態化」田中・根津前掲書，pp. 75-89
・中央教育審議会（2016）『幼稚園，小学校，中学校，高等学校及び特別支援学校の学習指導要領の改善及び必要な方策等について（答申）』
・田中統治（2009）「カリキュラム評価の必要性と意義」田中・根津前掲書，pp. 1-27
・根津朋実（2009）「カリキュラム評価の理論と方法」同上書，pp. 29-49
・根津朋実（2012）「カリキュラム開発」篠原清昭編著『学校改善マネジメント』ミネルヴァ書房，pp. 180-195
・文部省大臣官房調査統計課（1975）『カリキュラム開発の課題』文部省
・文部科学省（2017a）「小学校学習指導要領」
・文部科学省（2017b）「小学校学習指導要領解説　総則編」

巻末資料

学校教育法（抄）

昭和22年3月31日法律第26号
最終改正：令和元年6月26日法律第44号

第2章　義務教育

第21条　義務教育として行われる普通教育は、教育基本法（平成18年法律第120号）第5条第2項に規定する目的を実現するため、次に掲げる目標を達成するよう行われるものとする。

一　学校内外における社会的活動を促進し、自主、自律及び協同の精神、規範意識、公正な判断力並びに公共の精神に基づき主体的に社会の形成に参画し、その発展に寄与する態度を養うこと。

二　学校内外における自然体験活動を促進し、生命及び自然を尊重する精神並びに環境の保全に寄与する態度を養うこと。

三　我が国と郷土の現状と歴史について、正しい理解に導き、伝統と文化を尊重し、それらをはぐくんできた我が国と郷土を愛する態度を養うとともに、進んで外国の文化の理解を通じて、他国を尊重し、国際社会の平和と発展に寄与する態度を養うこと。

四　家族と家庭の役割、生活に必要な衣、食、住、情報、産業その他の事項について基礎的な理解と技能を養うこと。

五　読書に親しませ、生活に必要な国語を正しく理解し、使用する基礎的な能力を養うこと。

六　生活に必要な数量的な関係を正しく理解し、処理する基礎的な能力を養うこと。

七　生活にかかわる自然現象について、観察及び実験を通じて、科学的に理解し、処理する基礎的な能力を養うこと。

八　健康、安全で幸福な生活のために必要な習慣を養うとともに、運動を通じて体力を養い、心身の調和的発達を図ること。

九　生活を明るく豊かにする音楽、美術、文芸その他の芸術について基礎的な理解と技能を養うこと。

十　職業についての基礎的な知識と技能、勤労を重んずる態度及び個性に応じて将来の進路を選択する能力を養うこと。

第3章　幼稚園

第22条　幼稚園は、義務教育及びその後の教育の基礎を培うものとして、幼児を保育し、幼児の健やかな成長のために適当な環境を与えて、その心身の発達を助長することを目的とする。

第23条　幼稚園における教育は、前条に規定する目的を実現するため、次に掲げる目標を達成するよう行われるものとする。

一　健康、安全で幸福な生活のために必要な基本的な習慣を養い、身体諸機能の調和的発達を図ること。

二　集団生活を通じて、喜んでこれに参加する態度を養うとともに家族や身近な人への信頼感を深め、自主、自律及び協同の精神並びに規範意識の芽生えを養うこと。

三　身近な社会生活、生命及び自然に対する興味を養い、それらに対する正しい理解と態度及び思考力の芽生えを養うこと。

四　日常の会話や、絵本、童話等に親しむことを通じて、言葉の使い方を正しく導くとともに、相手の話を理解しようとする態度を養うこと。

五　音楽、身体による表現、造形等に親しむことを通じて、豊かな感性と表現力の芽生えを養うこと。

第4章　小学校

第29条　小学校は、心身の発達に応じて、義務教育として行われる普通教育のうち基礎的なものを施すことを目的とする。

第30条 小学校における教育は，前条に規定する目的を実現するために必要な程度において第21条各号に掲げる目標を達成するよう行われるものとする。

2 前項の場合においては，生涯にわたり学習する基盤が培われるよう，基礎的な知識及び技能を習得させるとともに，これらを活用して課題を解決するために必要な思考力，判断力，表現力その他の能力をはぐくみ，主体的に学習に取り組む態度を養うことに，特に意を用いなければならない。

第31条 小学校においては，前条第一項の規定による目標の達成に資するよう，教育指導を行うに当たり，児童の体験的な学習活動，特にボランティア活動など社会奉仕体験活動，自然体験活動その他の体験活動の充実に努めるものとする。この場合において，社会教育関係団体その他の関係団体及び関係機関との連携に十分配慮しなければならない。

第32条 小学校の修業年限は，6年とする。

第33条 小学校の教育課程に関する事項は，第29条及び第30条の規定に従い，文部科学大臣が定める。

第34条 小学校においては，文部科学大臣の検定を経た教科用図書又は文部科学省が著作の名義を有する教科用図書を使用しなければならない。

2 前項に規定する教科用図書（以下この条において「教科用図書」という。）の内容を文部科学大臣の定めるところにより記録した電磁的記録（電子的方式，磁気的方式その他人の知覚によつては認識することができない方式で作られる記録であつて，電子計算機による情報処理の用に供されるものをいう。）である教材がある場合には，同項の規定にかかわらず，文部科学大臣の定めるところにより，児童の教育の充実を図るため必要があると認められる教育課程の一部において，教科用図書に代えて当該教材を使用することができる。

3 前項に規定する場合において，視覚障害，発達障害その他の文部科学大臣の定める事由により教科用図書を使用して学習することが困難な児童に対し，教科用図書に用いられた文字，図形等の拡大又は音声への変換その他の同項に規定する教材を電子計算機において用いることにより可能となる方法で指導することにより当該児童の学習上の困難の程度を低減させる必要があると認められるときは，文部科学大臣の定めるところにより，教育課程の全部又は一部において，教科用図書に代えて当該教材を使用することができる。

4 教科用図書及び第2項に規定する教材以外の教材で，有益適切なものは，これを使用することができる。

5 第1項の検定の申請に係る教科用図書に関し調査審議させるための審議会等（国家行政組織法（昭和23年法律第120号）第8条に規定する機関をいう。以下同じ。）については，政令で定める。

第5章 中学校

第45条 中学校は，小学校における教育の基礎の上に，心身の発達に応じて，義務教育として行われる普通教育を施すことを目的とする。

第46条 中学校における教育は，前条に規定する目的を実現するため，第21条各号に掲げる目標を達成するよう行われるものとする。

第6章 高等学校

第50条 高等学校は，中学校における教育の基礎の上に，心身の発達及び進路に応じて，高度な普通教育及び専門教育を施すことを目的とする。

第51条 高等学校における教育は，前条に規定する目的を実現するため，次に掲げる目標を達成するよう行われるものとする。

一 義務教育として行われる普通教育の成果

を更に発展拡充させて，豊かな人間性，創造性及び健やかな身体を養い，国家及び社会の形成者として必要な資質を養うこと。

二　社会において果たさなければならない使命の自覚に基づき，個性に応じて将来の進路を決定させ，一般的な教養を高め，専門的な知識，技術及び技能を習得させること。

三　個性の確立に努めるとともに，社会について，広く深い理解と健全な批判力を養い，社会の発展に寄与する態度を養うこと。

第7章　中等教育学校

第63条　中等教育学校は，小学校における教育の基礎の上に，心身の発達及び進路に応じて，義務教育として行われる普通教育並びに高度な普通教育及び専門教育を一貫して施すことを目的とする。

第64条　中等教育学校における教育は，前条に規定する目的を実現するため，次に掲げる目標を達成するよう行われるものとする。

一　豊かな人間性，創造性及び健やかな身体を養い，国家及び社会の形成者として必要な資質を養うこと。

二　社会において果たさなければならない使命の自覚に基づき，個性に応じて将来の進路を決定させ，一般的な教養を高め，専門的な知識，技術及び技能を習得させること。

三　個性の確立に努めるとともに，社会について，広く深い理解と健全な批判力を養い，社会の発展に寄与する態度を養うこと。

第8章　特別支援教育

第72条　特別支援学校は，視覚障害者，聴覚障害者，知的障害者，肢体不自由者又は病弱者（身体虚弱者を含む。以下同じ。）に対して，幼稚園，小学校，中学校又は高等学校に準ずる教育を施すとともに，障害による学習上又は生活上の困難を克服し自立を図るために必要な知識技能を授けることを目的とする。

第81条　幼稚園，小学校，中学校，高等学校及び中等教育学校においては，次項各号のいずれかに該当する幼児，児童及び生徒その他教育上特別の支援を必要とする幼児，児童及び生徒に対し，文部科学大臣の定めるところにより，障害による学習上又は生活上の困難を克服するための教育を行うものとする。

2　小学校，中学校，高等学校及び中等教育学校には，次の各号のいずれかに該当する児童及び生徒のために，特別支援学級を置くことができる。

一　知的障害者

二　肢体不自由者

三　身体虚弱者

四　弱視者

五　難聴者

六　その他障害のある者で，特別支援学級において教育を行うことが適当なもの

3　前項に規定する学校においては，疾病により療養中の児童及び生徒に対して，特別支援学級を設け，又は教員を派遣して，教育を行うことができる。

学校教育法施行規則（抄）

昭和22年5月23日文部省令第11号
最終改正：令和2年4月1日文部科学省令第15号

第4章　小学校

第2節　教育課程

第50条　小学校の教育課程は，国語，社会，算数，理科，生活，音楽，図画工作，家庭，体育及び外国語の各教科（以下この節において「各教科」という。），特別の教科である道徳，外国語活動，総合的な学習の時間並びに特別活動によつて編成するものとする。

2　私立の小学校の教育課程を編成する場合は，前項の規定にかかわらず，宗教を加えることができる。この場合においては，宗

教をもつて前項の特別の教科である道徳に代えることができる。

第5章　中学校

第72条　中学校の教育課程は，国語，社会，数学，理科，音楽，美術，保健体育，技術・家庭及び外国語の各教科（以下本章及び第7章中「各教科」という。），特別の教科である道徳，総合的な学習の時間並びに特別活動によつて編成するものとする。

第75条　中学校（併設型中学校，小学校連携型中学校及び第79条の9第2項に規定する小学校併設型中学校を除く。）においては，高等学校における教育との一貫性に配慮した教育を施すため，当該中学校の設置者が当該高等学校の設置者との協議に基づき定めるところにより，教育課程を編成することができる。

2　前項の規定により教育課程を編成する中学校（以下「連携型中学校」という。）は，第87条第1項の規定により教育課程を編成する高等学校と連携し，その教育課程を実施するものとする。

第6章　高等学校

第1節　設備，編制，学科及び教育課程

第83条　高等学校の教育課程は，別表第三に定める各教科に属する科目，特別活動及び総合的な探究の時間によつて編成するものとする。

第84条　高等学校の教育課程については，この章に定めるもののほか，教育課程の基準として文部科学大臣が別に公示する高等学校学習指導要領によるものとする。

第85条　高等学校の教育課程に関し，その改善に資する研究を行うため特に必要があり，かつ，生徒の教育上適切な配慮がなされていると文部科学大臣が認める場合においては，文部科学大臣が別に定めるところにより，前2条の規定によらないことができる。

第85条の二　文部科学大臣が，高等学校において，当該高等学校又は当該高等学校が設置されている地域の実態に照らし，より効果的な教育を実施するため，当該高等学校又は当該地域の特色を生かした特別の教育課程を編成して教育を実施する必要があり，かつ，当該特別の教育課程について，教育基本法及び学校教育法第51条の規定等に照らして適切であり，生徒の教育上適切な配慮がなされているものとして文部科学大臣が定める基準を満たしていると認める場合においては，文部科学大臣が別に定めるところにより，第83条又は第84条の規定の全部又は一部によらないことができる。

第86条　高等学校において，学校生活への適応が困難であるため，相当の期間高等学校を欠席していると認められる生徒，高等学校を退学し，その後高等学校に入学していないと認められる者又は学校教育法第57条に規定する高等学校の入学資格を有するが，高等学校に入学していないと認められる者を対象として，その実態に配慮した特別の教育課程を編成して教育を実施する必要があると文部科学大臣が認める場合においては，文部科学大臣が別に定めるところにより，第83条又は第84条の規定によらないことができる。

第87条　高等学校（学校教育法第71条の規定により中学校における教育と一貫した教育を施すもの（以下「併設型高等学校」という。）を除く。）においては，中学校における教育との一貫性に配慮した教育を施すため，当該高等学校の設置者が当該中学校の設置者との協議に基づき定めるところにより，教育課程を編成することができる。

2　前項の規定により教育課程を編成する高等学校（以下「連携型高等学校」という。）は，連携型中学校と連携し，その教育課程を実施するものとする。

中学校学習指導要領（抄）

2017（平成29）年3月31日文部科学省告示第64号

第1章　総則
第1　中学校教育の基本と教育課程の役割

1　各学校においては，教育基本法及び学校教育法その他の法令並びにこの章以下に示すところに従い，生徒の人間として調和のとれた育成を目指し，生徒の心身の発達の段階や特性及び学校や地域の実態を十分考慮して，適切な教育課程を編成するものとし，これらに掲げる目標を達成するよう教育を行うものとする。

2　学校の教育活動を進めるに当たっては，各学校において，第3の1に示す主体的・対話的で深い学びの実現に向けた授業改善を通して，創意工夫を生かした特色ある教育活動を展開する中で，次の(1)から(3)までに掲げる事項の実現を図り，生徒に生きる力を育むことを目指すものとする。

(1)　基礎的・基本的な知識及び技能を確実に習得させ，これらを活用して課題を解決するために必要な思考力，判断力，表現力等を育むとともに，主体的に学習に取り組む態度を養い，個性を生かし多様な人々との協働を促す教育の充実に努めること。その際，生徒の発達の段階を考慮して，生徒の言語活動など，学習の基盤をつくる活動を充実するとともに，家庭との連携を図りながら，生徒の学習習慣が確立するよう配慮すること。

(2)　道徳教育や体験活動，多様な表現や鑑賞の活動等を通して，豊かな心や創造性の涵養を目指した教育の充実に努めること。

　　　学校における道徳教育は，特別の教科である道徳（以下「道徳科」という。）を要として学校の教育活動全体を通じて行うものであり，道徳科はもとより，各教科，総合的な学習の時間及び特別活動のそれぞれの特質に応じて，生徒の発達の段階を考慮して，適切な指導を行うこと。

　　　道徳教育は，教育基本法及び学校教育法に定められた教育の根本精神に基づき，人間としての生き方を考え，主体的な判断の下に行動し，自立した人間として他者と共によりよく生きるための基盤となる道徳性を養うことを目標とすること。

　　　道徳教育を進めるに当たっては，人間尊重の精神と生命に対する畏敬の念を家庭，学校，その他社会における具体的な生活の中に生かし，豊かな心をもち，伝統と文化を尊重し，それらを育んできた我が国と郷土を愛し，個性豊かな文化の創造を図るとともに，平和で民主的な国家及び社会の形成者として，公共の精神を尊び，社会及び国家の発展に努め，他国を尊重し，国際社会の平和と発展や環境の保全に貢献し未来を拓く主体性のある日本人の育成に資することとなるよう特に留意すること。

(3)　学校における体育・健康に関する指導を，生徒の発達の段階を考慮して，学校の教育活動全体を通じて適切に行うことにより，健康で安全な生活と豊かなスポーツライフの実現を目指した教育の充実に努めること。特に，学校における食育の推進並びに体力の向上に関する指導，安全に関する指導及び心身の健康の保持増進に関する指導については，保健体育科，技術・家庭科及び特別活動の時間はもとより，各教科，道徳科及び総合的な学習の時間などにおいてもそれぞれの特質に応じて適切に行うよう努めること。また，それらの指導を通して，家庭や地域社会との連携を図りながら，日常生活において適切な体育・健康に関する活動の実践を促し，生涯を通じて健康・安全で活力ある生活を送るための基礎が培わ

れるよう配慮すること。

3　2の(1)から(3)までに掲げる事項の実現を図り，豊かな創造性を備え持続可能な社会の創り手となることが期待される生徒に，生きる力を育むことを目指すに当たっては，学校教育全体並びに各教科，道徳科，総合的な学習の時間及び特別活動（以下「各教科等」という。ただし，第2の3の(2)のア及びウにおいて，特別活動については学級活動（学校給食に係るものを除く。）に限る。）の指導を通してどのような資質・能力の育成を目指すのかを明確にしながら，教育活動の充実を図るものとする。その際，生徒の発達の段階や特性等を踏まえつつ，次に掲げることが偏りなく実現できるようにするものとする。

(1)　知識及び技能が習得されるようにすること。

(2)　思考力，判断力，表現力等を育成すること。

(3)　学びに向かう力，人間性等を涵養すること。

4　各学校においては，生徒や学校，地域の実態を適切に把握し，教育の目的や目標の実現に必要な教育の内容等を教科等横断的な視点で組み立てていくこと，教育課程の実施状況を評価してその改善を図っていくこと，教育課程の実施に必要な人的又は物的な体制を確保するとともにその改善を図っていくことなどを通して，教育課程に基づき組織的かつ計画的に各学校の教育活動の質の向上を図っていくこと（以下「カリキュラム・マネジメント」という。）に努めるものとする。

第2　教育課程の編成

1　各学校の教育目標と教育課程の編成
　教育課程の編成に当たっては，学校教育全体や各教科等における指導を通して育成を目指す資質・能力を踏まえつつ，各学校の教育目標を明確にするとともに，教育課

程の編成についての基本的な方針が家庭や地域とも共有されるよう努めるものとする。その際，第4章総合的な学習の時間の第2の1に基づき定められる目標との関連を図るものとする。

2　教科等横断的な視点に立った資質・能力の育成

(1)　各学校においては，生徒の発達の段階を考慮し，言語能力，情報活用能力（情報モラルを含む。），問題発見・解決能力等の学習の基盤となる資質・能力を育成していくことができるよう，各教科等の特質を生かし，教科等横断的な視点から教育課程の編成を図るものとする。

(2)　各学校においては，生徒や学校，地域の実態及び生徒の発達の段階を考慮し，豊かな人生の実現や災害等を乗り越えて次代の社会を形成することに向けた現代的な諸課題に対応して求められる資質・能力を，教科等横断的な視点で育成していくことができるよう，各学校の特色を生かした教育課程の編成を図るものとする。

3　教育課程の編成における共通的事項

(1)　内容等の取扱い

ア　第2章以下に示す各教科，道徳科及び特別活動の内容に関する事項は，特に示す場合を除き，いずれの学校においても取り扱わなければならない。

イ　学校において特に必要がある場合には，第2章以下に示していない内容を加えて指導することができる。また，第2章以下に示す内容の取扱いのうち内容の範囲や程度等を示す事項は，全ての生徒に対して指導するものとする内容の範囲や程度等を示したものであり，学校において特に必要がある場合には，この事項にかかわらず加えて指導することができる。ただし，これらの場合には，第2章以下に示す各教科，

道徳科及び特別活動の目標や内容の趣旨を逸脱したり，生徒の負担過重となったりすることのないようにしなければならない。

ウ　第2章以下に示す各教科，道徳科及び特別活動の内容に掲げる事項の順序は，特に示す場合を除き，指導の順序を示すものではないので，学校においては，その取扱いについて適切な工夫を加えるものとする。

エ　学校において2以上の学年の生徒で編制する学級について特に必要がある場合には，各教科の目標の達成に支障のない範囲内で，各教科の目標及び内容について学年別の順序によらないことができる。

オ　各学校においては，生徒や学校，地域の実態を考慮して，生徒の特性等に応じた多様な学習活動が行えるよう，第2章に示す各教科や，特に必要な教科を，選択教科として開設し生徒に履修させることができる。その場合にあっては，全ての生徒に指導すべき内容との関連を図りつつ，選択教科の授業時数及び内容を適切に定め選択教科の指導計画を作成し，生徒の負担過重となることのないようにしなければならない。また，特に必要な教科の名称，目標，内容などについては，各学校が適切に定めるものとする。

カ　道徳科を要として学校の教育活動全体を通じて行う道徳教育の内容は，第3章特別の教科道徳の第2に示す内容とし，その実施に当たっては，第6に示す道徳教育に関する配慮事項を踏まえるものとする。

(2)　授業時数等の取扱い

ア　各教科等の授業は，年間35週以上にわたって行うよう計画し，週当たりの授業時数が生徒の負担過重にならないようにするものとする。ただし，各教科等や学習活動の特質に応じ効果的な場合には，夏季，冬季，学年末等の休業日の期間に授業日を設定する場合を含め，これらの授業を特定の期間に行うことができる。

イ　特別活動の授業のうち，生徒会活動及び学校行事については，それらの内容に応じ，年間，学期ごと，月ごとなどに適切な授業時数を充てるものとする。

ウ　各学校の時間割については，次の事項を踏まえ適切に編成するものとする。

(ア)　各教科等のそれぞれの授業の1単位時間は，各学校において，各教科等の年間授業時数を確保しつつ，生徒の発達の段階及び各教科等や学習活動の特質を考慮して適切に定めること。

(イ)　各教科等の特質に応じ，10分から15分程度の短い時間を活用して特定の教科等の指導を行う場合において，当該教科等を担当する教師が，単元や題材など内容や時間のまとまりを見通した中で，その指導内容の決定や指導の成果の把握と活用等を責任をもって行う体制が整備されているときは，その時間を当該教科等の年間授業時数に含めることができること。

(ウ)　給食，休憩などの時間については，各学校において工夫を加え，適切に定めること。

(エ)　各学校において，生徒や学校，地域の実態，各教科等や学習活動の特質等に応じて，創意工夫を生かした時間割を弾力的に編成できること。

エ　総合的な学習の時間における学習活動により，特別活動の学校行事に掲げる各行事の実施と同様の成果が期待で

きる場合においては，総合的な学習の時間における学習活動をもって相当する特別活動の学校行事に掲げる各行事の実施に替えることができる。

(3) 指導計画の作成等に当たっての配慮事項

各学校においては，次の事項に配慮しながら，学校の創意工夫を生かし，全体として，調和のとれた具体的な指導計画を作成するものとする。

ア　各教科等の指導内容については，(1)のアを踏まえつつ，単元や題材など内容や時間のまとまりを見通しながら，そのまとめ方や重点の置き方に適切な工夫を加え，第3の1に示す主体的・対話的で深い学びの実現に向けた授業改善を通して資質・能力を育む効果的な指導ができるようにすること。

イ　各教科等及び各学年相互間の関連を図り，系統的，発展的な指導ができるようにすること。

4　学校段階間の接続

教育課程の編成に当たっては，次の事項に配慮しながら，学校段階間の接続 を図るものとする。

(1) 小学校学習指導要領を踏まえ，小学校教育までの学習の成果が中学校教育に円滑に接続され，義務教育段階の終わりまでに育成することを目指す資質・能力を，生徒が確実に身に付けることができるよう工夫すること。特に，義務教育学校，小学校連携型中学校及び小学校併設型中学校においては，義務教育9年間を見通した計画的かつ継続的な教育課程を編成すること。

(2) 高等学校学習指導要領を踏まえ，高等学校教育及びその後の教育との円滑な接続が図られるよう工夫すること。特に，中等教育学校，連携型中学校及び併設型中学校においては，中等教育6年間を見

通した計画的かつ継続的な教育課程を編成すること。

第3　教育課程の実施と学習評価

1　主体的・対話的で深い学びの実現に向けた授業改善

各教科等の指導に当たっては，次の事項に配慮するものとする。

(1) 第1の3の(1)から(3)までに示すことが偏りなく実現されるよう，単元や題材など内容や時間のまとまりを見通しながら，生徒の主体的・対話的で深い学びの実現に向けた授業改善を行うこと。

特に，各教科等において身に付けた知識及び技能を活用したり，思考力，判断力，表現力等や学びに向かう力，人間性等を発揮させたりして，学習の対象となる物事を捉え思考することにより，各教科等の特質に応じた物事を捉える視点や考え方（以下「見方・考え方」という。）が鍛えられていくことに留意し，生徒が各教科等の特質に応じた見方・考え方を働かせながら，知識を相互に関連付けてより深く理解したり，情報を精査して考えを形成したり，問題を見いだして解決策を考えたり，思いや考えを基に創造したりすることに向かう過程を重視した学習の充実を図ること。

(2) 第2の2の(1)に示す言語能力の育成を図るため，各学校において必要な言語環境を整えるとともに，国語科を要としつつ各教科等の特質に応じて，生徒の言語活動を充実すること。あわせて，(7)に示すとおり読書活動を充実すること。

(3) 第2の2の(1)に示す情報活用能力の育成を図るため，各学校において，コンピュータや情報通信ネットワークなどの情報手段を活用するために必要な環境を整え，これらを適切に活用した学習活動の充実を図ること。また，各種の統計資料

や新聞，視聴覚教材や教育機器などの教材・教具の適切な活用を図ること。

(4) 生徒が学習の見通しを立てたり学習したことを振り返ったりする活動を，計画的に取り入れるように工夫すること。

(5) 生徒が生命の有限性や自然の大切さ，主体的に挑戦してみることや多様な他者と協働することの重要性などを実感しながら理解することができるよう，各教科等の特質に応じた体験活動を重視し，家庭や地域社会と連携しつつ体系的・継続的に実施できるよう工夫すること。

(6) 生徒が自ら学習課題や学習活動を選択する機会を設けるなど，生徒の興味・関心を生かした自主的，自発的な学習が促されるよう工夫すること。

(7) 学校図書館を計画的に利用しその機能の活用を図り，生徒の主体的・対話的で深い学びの実現に向けた授業改善に生かすとともに，生徒の自主的，自発的な学習活動や読書活動を充実すること。また，地域の図書館や博物館，美術館，劇場，音楽堂等の施設の活用を積極的に図り，資料を活用した情報の収集や鑑賞等の学習活動を充実すること。

2 学習評価の充実
学習評価の実施に当たっては，次の事項に配慮するものとする。

(1) 生徒のよい点や進歩の状況などを積極的に評価し，学習したことの意義や価値を実感できるようにすること。また，各教科等の目標の実現に向けた学習状況を把握する観点から，単元や題材など内容や時間のまとまりを見通しながら評価の場面や方法を工夫して，学習の過程や成果を評価し，指導の改善や学習意欲の向上を図り，資質・能力の育成に生かすようにすること。

(2) 創意工夫の中で学習評価の妥当性や信頼性が高められるよう，組織的かつ計画

的な取組を推進するとともに，学年や学校段階を越えて生徒の学習の成果が円滑に接続されるように工夫すること。

第4 生徒の発達の支援

1 生徒の発達を支える指導の充実
教育課程の編成及び実施に当たっては，次の事項に配慮するものとする。

(1) 学習や生活の基盤として，教師と生徒との信頼関係及び生徒相互のよりよい人間関係を育てるため，日頃から学級経営の充実を図ること。また，主に集団の場面で必要な指導や援助を行うガイダンスと，個々の生徒の多様な実態を踏まえ，一人一人が抱える課題に個別に対応した指導を行うカウンセリングの双方により，生徒の発達を支援すること。

(2) 生徒が，自己の存在感を実感しながら，よりよい人間関係を形成し，有意義で充実した学校生活を送る中で，現在及び将来における自己実現を図っていくことができるよう，生徒理解を深め，学習指導と関連付けながら，生徒指導の充実を図ること。

(3) 生徒が，学ぶことと自己の将来とのつながりを見通しながら，社会的・職業的自立に向けて必要な基盤となる資質・能力を身に付けていくことができるよう，特別活動を要としつつ各教科等の特質に応じて，キャリア教育の充実を図ること。その中で，生徒が自らの生き方を考え主体的に進路を選択することができるよう，学校の教育活動全体を通じ，組織的かつ計画的な進路指導を行うこと。

(4) 生徒が，基礎的・基本的な知識及び技能の習得も含め，学習内容を確実に身に付けることができるよう，生徒や学校の実態に応じ，個別学習やグループ別学習，繰り返し学習，学習内容の習熟の程度に応じた学習，生徒の興味・関心等に応じ

た課題学習，補充的な学習や発展的な学習などの学習活動を取り入れることや，教師間の協力による指導体制を確保することなど，指導方法や指導体制の工夫改善により，個に応じた指導の充実を図ること。その際，第3の1の(3)に示す情報手段や教材・教具の活用を図ること。

2　特別な配慮を必要とする生徒への指導

(1)　障害のある生徒などへの指導

ア　障害のある生徒などについては，特別支援学校等の助言又は援助を活用しつつ，個々の生徒の障害の状態等に応じた指導内容や指導方法の工夫を組織的かつ計画的に行うものとする。

イ　特別支援学級において実施する特別の教育課程については，次のとおり編成するものとする。

(ア)　障害による学習上又は生活上の困難を克服し自立を図るため，特別支援学校小学部・中学部学習指導要領第7章に示す自立活動を取り入れること。

(イ)　生徒の障害の程度や学級の実態等を考慮の上，各教科の目標や内容を下学年の教科の目標や内容に替えたり，各教科を，知的障害者である生徒に対する教育を行う特別支援学校の各教科に替えたりするなどして，実態に応じた教育課程を編成すること。

ウ　障害のある生徒に対して，通級による指導を行い，特別の教育課程を編成する場合には，特別支援学校小学部・中学部学習指導要領第7章に示す自立活動の内容を参考とし，具体的な目標や内容を定め，指導を行うものとする。その際，効果的な指導が行われるよう，各教科等と通級による指導との関連を図るなど，教師間の連携に努めるものとする。

エ　障害のある生徒などについては，家庭，地域及び医療や福祉，保健，労働等の業務を行う関係機関との連携を図り，長期的な視点で生徒への教育的支援を行うために，個別の教育支援計画を作成し活用することに努めるとともに，各教科等の指導に当たって，個々の生徒の実態を的確に把握し，個別の指導計画を作成し活用することに努めるものとする。特に，特別支援学級に在籍する生徒や通級による指導を受ける生徒については，個々の生徒の実態を的確に把握し，個別の教育支援計画や個別の指導計画を作成し，効果的に活用するものとする。

(2)　海外から帰国した生徒などの学校生活への適応や，日本語の習得に困難のある生徒に対する日本語指導

ア　海外から帰国した生徒などについては，学校生活への適応を図るとともに，外国における生活経験を生かすなどの適切な指導を行うものとする。

イ　日本語の習得に困難のある生徒については，個々の生徒の実態に応じた指導内容や指導方法の工夫を組織的かつ計画的に行うものとする。特に，通級による日本語指導については，教師間の連携に努め，指導についての計画を個別に作成することなどにより，効果的な指導に努めるものとする。

(3)　不登校生徒への配慮

ア　不登校生徒については，保護者や関係機関と連携を図り，心理や福祉の専門家の助言又は援助を得ながら，社会的自立を目指す観点から，個々の生徒の実態に応じた情報の提供その他の必要な支援を行うものとする。

イ　相当の期間中学校を欠席し引き続き欠席すると認められる生徒を対象として，文部科学大臣が認める特別の教育

課程を編成する場合には，生徒の実態に配慮した教育課程を編成するとともに，個別学習やグループ別学習など指導方法や指導体制の工夫改善に努めるものとする。

(4) 学齢を経過した者への配慮

ア 夜間その他の特別の時間に授業を行う課程において学齢を経過した者を対象として特別の教育課程を編成する場合には，学齢を経過した者の年齢，経験又は勤労状況その他の実情を踏まえ，中学校教育の目的及び目標並びに第2章以下に示す各教科等の目標に照らして，中学校教育を通じて育成を目指す資質・能力を身に付けることができるようにするものとする。

イ 学齢を経過した者を教育する場合には，個別学習やグループ別学習など指導方法や指導体制の工夫改善に努めるものとする。

第5 学校運営上の留意事項

1 教育課程の改善と学校評価，教育課程外の活動との連携等

ア 各学校においては，校長の方針の下に，校務分掌に基づき教職員が適切に役割を分担しつつ，相互に連携しながら，各学校の特色を生かしたカリキュラム・マネジメントを行うよう努めるものとする。また，各学校が行う学校評価については，教育課程の編成，実施，改善が教育活動や学校運営の中核となることを踏まえ，カリキュラム・マネジメントと関連付けながら実施するよう留意するものとする。

イ 教育課程の編成及び実施に当たっては，学校保健計画，学校安全計画，食に関する指導の全体計画，いじめの防止等のための対策に関する基本的な方針など，各分野における学校の全体計画等と関連付けながら，効果的な指導が行われるように留意するものとする。

ウ 教育課程外の学校教育活動と教育課程の関連が図られるように留意するものとする。特に，生徒の自主的，自発的な参加により行われる部活動については，スポーツや文化，科学等に親しませ，学習意欲の向上や責任感，連帯感の涵かん養等，学校教育が目指す資質・能力の育成に資するものであり，学校教育の一環として，教育課程との関連が図られるよう留意すること。その際，学校や地域の実態に応じ，地域の人々の協力，社会教育施設や社会教育関係団体等の各種団体との連携などの運営上の工夫を行い，持続可能な運営体制が整えられるようにするものとする。

2 家庭や地域社会との連携及び協働と学校間の連携

教育課程の編成及び実施に当たっては，次の事項に配慮するものとする。

ア 学校がその目的を達成するため，学校や地域の実態等に応じ，教育活動の実施に必要な人的又は物的な体制を家庭や地域の人々の協力を得ながら整えるなど，家庭や地域社会との連携及び協働を深めること。また，高齢者や異年齢の子供など，地域における世代を越えた交流の機会を設けること。

イ 他の中学校や，幼稚園，認定こども園，保育所，小学校，高等学校，特別支援学校などとの間の連携や交流を図るとともに，障害のある幼児児童生徒との交流及び共同学習の機会を設け，共に尊重し合いながら協働して生活していく態度を育むようにすること。

第6 道徳教育に関する配慮事項

道徳教育を進めるに当たっては，道徳教

育の特質を踏まえ，前項までに示す事項に加え，次の事項に配慮するものとする。

1　各学校においては，第1の2の(2)に示す道徳教育の目標を踏まえ，道徳教育の全体計画を作成し，校長の方針の下に，道徳教育の推進を主に担当する教師（以下「道徳教育推進教師」という。）を中心に，全教師が協力して道徳教育を展開すること。なお，道徳教育の全体計画の作成に当たっては，生徒や学校，地域の実態を考慮して，学校の道徳教育の重点目標を設定するとともに，道徳科の指導方針，第3章特別の教科道徳の第2に示す内容との関連を踏まえた各教科，総合的な学習の時間及び特別活動における指導の内容及び時期並びに家庭や地域社会との連携の方法を示すこと。

2　各学校においては，生徒の発達の段階や特性等を踏まえ，指導内容の重点化を図ること。その際，小学校における道徳教育の指導内容を更に発展させ，自立心や自律性を高め，規律ある生活をすること，生命を尊重する心や自らの弱さを克服して気高く生きようとする心を育てること，法やきまりの意義に関する理解を深めること，自らの将来の生き方を考え主体的に社会の形成に参画する意欲と態度を養うこと，伝統と文化を尊重し，それらを育んできた我が国と郷土を愛するとともに，他国を尊重すること，国際社会に生きる日本人としての自覚を身に付けることに留意すること。

3　学校や学級内の人間関係や環境を整えるとともに，職場体験活動やボランティア活動，自然体験活動，地域の行事への参加などの豊かな体験を充実すること。また，道徳教育の指導内容が，生徒の日常生活に生かされるようにすること。その際，いじめの防止や安全の確保等にも資することとなるよう留意すること。

4　学校の道徳教育の全体計画や道徳教育に関する諸活動などの情報を積極的に公表したり，道徳教育の充実のために家庭や地域の人々の積極的な参加や協力を得たりするなど，家庭や地域社会との共通理解を深め，相互の連携を図ること。

小学校学習指導要領解説　総則編（目次）

第1章　総説
　1　改訂の経緯及び基本方針
　2　改訂の要点
　3　道徳の特別の教科化に係る一部改正
第2章　教育課程の基準
第1節　教育課程の意義
第2節　教育課程に関する法制
　1　教育課程とその基準
　2　教育課程に関する法令
第3章　教育課程の編成及び実施
第1節　小学校教育の基本と教育課程の役割
　1　教育課程編成の原則
　2　生きる力を育む各学校の特色ある教育活動の展開
　3　育成を目指す資質・能力
　4　カリキュラム・マネジメントの充実
第2節　教育課程の編成
　1　各学校の教育目標と教育課程の編成
　2　教科等横断的な視点に立った資質・能力
　3　教育課程の編成における共通的事項
　4　学校段階等間の接続
第3節　教育課程の実施と学習評価
　1　主体的・対話的で深い学びの実現に向けた授業改善
　2　学習評価の充実
第4節　児童の発達の支援
　1　児童の発達を支える指導の充実
　2　特別な配慮を必要とする児童への指導
第5節　学校運営上の留意事項
　1　教育課程の改善と学校評価等
　2　家庭や地域社会との連携及び協働と学

　　校間の連携
第6節　道徳教育推進上の配慮事項
　　1　道徳教育の指導体制と全体計画
　　2　指導内容の重点化
　　3　豊かな体験活動の充実といじめの防止
　　4　家庭や地域社会との連携

中学校学習指導要領解説　総則編（目次）

第1章　総説
　　1　改訂の経緯及び基本方針
　　2　改訂の要点
　　3　道徳の特別の教科化に係る一部改正
第2章　教育課程の基準
第1節　教育課程の意義
第2節　教育課程に関する法制
　　1　教育課程とその基準
　　2　教育課程に関する法令
第3章　教育課程の編成及び実施
第1節　中学校教育の基本と教育課程の役割
　　1　教育課程編成の原則
　　2　生きる力を育む各学校の特色ある教育
　　　活動の展開
　　3　育成を目指す資質・能力
　　4　カリキュラム・マネジメントの充実
第2節　教育課程の編成
　　1　各学校の教育目標と教育課程の編成
　　2　教科等横断的な視点に立った資質・能
　　　力
　　3　教育課程の編成における共通的事項
　　4　学校段階間の接続
第3節　教育課程の実施と学習評価
　　1　主体的・対話的で深い学びの実現に向
　　　けた授業改善
　　2　学習評価の充実
第4節　生徒の発達の支援
　　1　生徒の発達を支える指導の充実
　　2　特別な配慮を必要とする生徒への指導
第5節　学校運営上の留意事項

　　1　教育課程の改善と学校評価，教育課程
　　　外の活動との連携等
　　2　家庭や地域社会との連携及び協働と学
　　　校間の連携
第6節　道徳教育推進上の配慮事項
　　1　道徳教育の指導体制と全体計画
　　2　指導内容の重点化
　　3　豊かな体験活動の充実といじめの防止
　　4　家庭や地域社会との連携

高等学校学習指導要領解説　総則編（目次）

第1章　総説
第1節　改訂の経緯及び基本方針
　　1　改訂の経緯
　　2　改訂の基本方針
第2節　改訂の要点
　　1　学校教育法施行規則改正の要点
　　2　前文の趣旨及び要点
　　3　総則改正の要点
第3節　道徳教育の充実
　　1　高等学校における道徳教育に係る改訂
　　　の基本方針と要点
第2章　教育課程の基準
第1節　教育課程の意義
第2節　教育課程に関する法制
　　1　教育課程とその基準
　　2　教育課程に関する法令
第3章　教育課程の編成
第1節　高等学校教育の基本と教育課程の役
　　割
　　1　教育課程編成の原則
　　2　生きる力を育む各学校の特色ある教育
　　　活動の展開
　　3　育成を目指す資質・能力
　　4　就業やボランティアに関わる体験的な
　　　学習の指導
　　5　カリキュラム・マネジメントの充実

第2節　教育課程の編成
　1　各学校の教育目標と教育課程の編成
　2　教科等横断的な視点に立った資質・能力
　3　教育課程の編成における共通的事項
　4　学校段階等間の接続
　5　通信制の課程における教育課程の特例
第4章　教育課程の実施と学習評価
第1節　主体的・対話的で深い学びの実現に向けた授業改善
　1　主体的・対話的で深い学びの実現に向けた授業改善
　2　言語環境の整備と言語活動の充実
　3　コンピュータ等や教材・教具の活用
　4　見通しを立てたり，振り返ったりする学習活動
　5　体験活動
　6　学校図書館，地域の公共施設の利用活用
第2節　学習評価の充実
　1　指導の評価と改善
　2　学習評価に関する工夫
第5章　単位の修得及び卒業の認定
　1　各教科・科目及び総合的な探究の時間の単位の修得の認定
　2　卒業までに修得させる単位数
　3　各学年の課程の修了の認定
　4　学校外における学修等の単位認定
第6章　生徒の発達の支援
第1節　生徒の発達を支える指導の充実
　1　ホームルーム経営，生徒の発達の支援
　2　生徒指導の充実
　3　キャリア教育の充実
　4　生徒の特性等の伸長と学校やホームルームでの生活への適応，現在及び将来の生き方を考え行動する態度や能力の育成
　5　指導方法や指導体制の工夫改善など個に応じた指導の充実
　6　学習の遅れがちな生徒の指導における配慮事項
第2節　特別な配慮を必要とする生徒への指導
　1　障害のある生徒などへの指導
　2　海外から帰国した生徒や外国人の生徒の指導
　3　不登校生徒への配慮
第7章　学校運営上の留意事項
第1節　教育課程の改善と学校評価，教育課程外の活動との連携等
　1　カリキュラム・マネジメントの実施と学校評価との関連付け
　2　各分野における学校の全体計画等との関連付け
　3　教育課程外の学校教育活動と教育課程との関連
第2節　家庭や地域社会との連携及び協働と学校間の連携
　1　家庭や地域社会との連携及び協働と世代を越えた交流の機会
　2　学校相互間の連携や交流
第8章　道徳教育推進上の配慮事項
第1節　道徳教育の指導体制と全体計画
　1　道徳教育の指導体制
　2　道徳教育の全体計画
第2節　道徳教育推進上の留意事項
第3節　豊かな体験活動の充実といじめの防止
第4節　家庭や地域社会との連携

[著　者]

森山　賢一（もりやま　けんいち）　第1・2・3・4章執筆
玉川大学教授

菱田　隆昭（ひしだ　たかあき）　第5・9章執筆
和洋女子大学教授

佐藤　隆之（さとう　たかゆき）　第6・11章執筆
早稲田大学教授

滝沢　和彦（たきざわ　かずひこ）　第7・10・12章執筆
大正大学教授

安藤　福光（あんどう　よしみつ）　第8・13・15章執筆
兵庫教育大学准教授

三井　　清（みつい　きよし）　第14章1節執筆
山口県下関市立豊浦小学校長

吉岡　智昭（よしおか　ともあき）　第14章2節執筆
山口県周南市立富田中学校長

小倉　裕史（おぐら　ひろし）　第14章3節執筆
兵庫県立大学附属高等学校長兼附属中学校長

〈執筆順〉

［編 者］
森山 賢一
玉川大学教育学部・大学院教育学研究科教授
玉川大学教師教育リサーチセンターリサーチフェロー
独立行政法人教職員支援機構特任フェロー
博士（人間科学）　専攻：教育内容・方法学，教師教育学
現在，東京都町田市教育委員会教育委員，中央教育審議会初等中等教育
　分科会教員養成部会委員，教育実践学会会長，日本感性教育学会会長
　などを務める
主な著書
『教育学概論』岩崎学術出版，2001年（編著）
『総合演習の理論と実践』学文社，2007年（編著）
『カリキュラムと目的』玉川大学出版部，2015年（共訳）
『ICT を活用した新しい学校教育』北樹出版，2015年（編著）
『専門職としての教師教育者』玉川大学出版部，2017年（共訳）
『教育実践学』大学教育出版，2017年（編著）
『教員の在り方と資質向上』大学教育出版，2018年（編著）
『教育学原論』ミネルヴァ書房，2018年（共著）
『新時代の教職概論』ジダイ社，2018年（共著）ほか

教育課程編成論　改訂版

2013年 4 月 8 日　第 1 版第 1 刷発行
2016年 1 月30日　第 1 版第 4 刷発行
2021年 3 月30日　改訂版第 1 刷発行

編著者　森山　賢一

発行者　田中千津子　〒153-0064　東京都目黒区下目黒 3 - 6 - 1
　　　　　　　　　　電話　03（3715）1501 ㈹
発行所　株式会社学文社　FAX　03（3715）2012
　　　　　　　　　　https://www.gakubunsha.com

ISBN 978-4-7620-3073-4